Richard Hausmann

Das Ringen der Deutschen und Dänen um den Besitz Estlands bis 1227

Richard Hausmann

Das Ringen der Deutschen und Dänen um den Besitz Estlands bis 1227

ISBN/EAN: 9783743369351

Hergestellt in Europa, USA, Kanada, Australien, Japan

Cover: Foto ©ninafisch / pixelio.de

Manufactured and distributed by brebook publishing software (www.brebook.com)

Richard Hausmann

Das Ringen der Deutschen und Dänen um den Besitz Estlands bis 1227

DAS RINGEN

DER

DEUTSCHEN UND DÄNEN

UM DEN

BESITZ ESTLANDS

BIS 1227.

VON

RICHARD HAUSMANN.

LEIPZIG,
VERLAG VON DUNCKER & HUMBLOT
1870.

DAS RINGEN

DER

DEUTSCHEN UND DÄNEN

UM DEN

BESITZ ESTLANDS.

BIS 1227.

DAS RINGEN

DER

DEUTSCHEN UND DÄNEN

UM DEN

BESITZ ESTLANDS

BIS 1227.

VON

RICHARD HAUSMANN.

LEIPZIG,
VERLAG VON DUNCKER & HUMBLOT
1870.

VORWORT.

Die Gründung der dänischen Colonie in Estland ist in letzter Zeit mehrfach erörtert worden. v. Brevern behandelte dieses Thema in seinen Studien, Schirren hob in der gründlichen Kritik derselben eingehend die verfassungsgeschichtliche Seite hervor, Usinger zeigte in geistreicher Weise, von welchem Interesse das Ereigniss als einzelner Act in der zeitgenössisch deutsch-dänischen Geschichte war. — Wenn dieser Stoff nochmals zum Vorwurf gewählt wurde, so geschah das in der Ueberzeugung, dass wesentlich erst durch Hildebrand's kritische Untersuchung die solide Grundlage für die älteste Geschichte Livlands gelegt sei, welche allein es möglich mache, an eine sicherere Darstellung der Ereignisse zu gehen. Dass zwischen ihm und dem Verfasser dennoch manche Puncte strittig blieben, wird den nicht befremden, der mit der Natur der Quellen vertraut ist; vieles konnte auch trotz wiederholter Bearbeitung nicht mit der erwünschten Sicherheit hingestellt werden; — und war es da die Aufgabe des Kritikers gewesen, das Feste vom Schwankenden zu scheiden, so blieb es auch die Pflicht der Darstellung, die Grenzen nicht zu verwischen, sondern in der Erzählung hervortreten zu lassen, wo der Uebergang vom Gewissen zum Wahrscheinlichen stattfand, und wann sich dieses zum bloss Möglichen hin verlor. — Mit dem Ende der besten und reichsten Quelle altlivländischer Ueberlieferung änderte sich die Form nicht unwesentlich: es wurde nöthig für die Erzählung der letzten Ereignisse den kritischen Apparat, zumal er schon aus äussern Gründen sich in Noten nicht bewältigen liess, in mehreren Excursen folgen zu lassen.

Die beigegebene Karte erhebt keinen Anspruch auf grössere Präcision, sie sollte lediglich den mit der Geographie des alten Livland nicht vertrauten Leser über die Vorgänge der Erzählung und über die Lage der Landschaften orientiren. Da die Grenzen der letzteren sehr flüssig sind, so war es nicht statthaft, dieselben irgend genauer zu markiren.

Dem hochverehrten Lehrer, Herrn Professor G. Waitz, sage ich für die fördernde Theilnahme, welche er auch dieser Schrift geschenkt, meinen besten Dank.

28. Februar. 1870.

Richard Hausmann.

INHALT.

			Seite
Cap.	I.	Der Plan des Königs und die Bitte des Bischofs ...	1
„	II.	Die Gründung der dänischen Colonie	10
„	III.	Das Uebergewicht der Dänen	32
„	IV.	Der Aufstand der Esten und die Gefangenschaft des Königs	46
„	V.	Der Untergang der dänischen Colonie	62

Excurse.

I.	Ueber die Nachrichten des Chronicon ecclesiae Ripensis	85
II.	Die Identität der beiden Bullen: Livl. U. B. CXLVII. und CLII.	90
III.	Der Bericht vom falschen Legaten in der Ordenschronik Matth. c. CXLVII—CL. und seine Bearbeiter ..	96

I.

DER PLAN DES KÖNIGS UND DIE BITTE DES BISCHOFS.

Die Völker Scandinaviens und der Gestade im Osten des baltischen Meeres waren seit alten Zeiten mit einander bekannt. Kühne Wikingerfahrten von Westen nach Osten waren auf der Ostsee gewöhnlich, Liv-, Est- und Kurland haben oft durch sie gelitten. An Vergeltungszügen der Estèn und Kuren hat es denn nicht gefehlt, mit derselben Wildheit, mit demselben Erfolge ausgeführt. Es waren Raubzüge; wenn Unterwerfung und Christianisirung von schwedischer oder dänischer Seite je bei ihnen beabsichtigt worden ist, so treffen wir in den Zeiten, in welchen die Deutschen sich hier niederlassen, nirgends Reste einer solchen frühern Thätigkeit [1]).

Derart blieben die Beziehungen, bis Waldemar II. den Thron Dänemarks bestieg 1202. Nun ändert sich der Charakter dieser Fahrten, es kommt System in die dänischen Unternehmungen.

Die Ostsee zum Binnenmeer eines Staates zu machen, ist eine

---

[1]) „Die Deutschen fanden bei ihrer Ankunft in Livland ... nur Heidenthum vor". Kallmeyer in den Mittheilungen aus dem Gebiete der Geschichte Liv-, Est- und Kurlands. Bd. IX. pag. 148. Ueber die frühern Züge Russwurm, Eibofolke. 1855. § 36 ff. — Dahlmann, Geschichte von Dännemark. Bd. I. 1840. pag. 366. — Schirren, Beitrag zum Verständniss des Liber Census Daniae in den Mémoires de l'académie impériale des sciences de St. Pétersbourg. VII. série, tome II, Nr. 3. pag. 23. ist geneigt einen

Aufgabe, deren Lösung verschiedene Mächte zu verschiedenen Zeiten erstrebt haben. Im Beginn des XIII. Jahrhunderts waren in einem Bogen nach Südwesten alle Länder der Meeresküste von Halland bis Pommern unter dänischer Botmässigkeit. Waldemar richtete seine Blicke dann noch weiter, „das Ziel, welches sein Ehrgeiz verfolgte, war die Umspannung des ganzen Ostseebeckens durch eine kriegsgewaltige Herrschaft[1].‟ Sobald er Ruhe im Westen errungen hatte, trug er seine Waffen an die Ostküste des Meeres, hier ein neues Glied jener grossen Kette dänischer Besitzungen am baltischen Meere einzufügen: ein vorgeschobener Posten sollte Stütze und Halt des Errungenen, wol auch Ausgangspunct für weitere Erwerbungen sein. So versuchte er zum ersten Mal den Angriff 1206 auf Oesel. An der Spitze eines Kreuzheeres, begleitet von seinem Primas Erzbischof Andreas v. Lund und von seinem Kanzler Bischof Nicolaus v. Schleswig erschien der König[2]. Vom Papst war eine Bulle erwirkt, durch welche dieser am 13. Januar 1206 dem Erzbischof gestattete,

---

Zusammenhang früherer und späterer dänischer Züge anzunehmen. Solche ältere Fahrten erwähnen unter den livländischen Quellen die Origines Livoniae sacrae et civiles seu Chronicon Livonicum vetus ed. Hansen in Scriptores rerum Livonicarum. Bd. I. 1853. I, 13; VII, 1. cfr. dazu der Codex Zamoscianus, beschrieben und in seinen Varianten dargestellt von Schirren. 1865. und die wichtige Uebersetzung der Chronik von Pabst. 1867, deren Bemerkungen auch diese Arbeit viel verdankt. Citirt wird im weitern Verlauf die Chronik unter dem Namen ihres Verfassers Heinrich. — Livländische Reimchronik in Scr. rer. Liv. I, v. 361—366.

[1] v. Sybel, Kleine historische Schriften 1869, Bd. II. pag. 120. — Hansen in Verhandlungen der gelehrten estnischen Gesellschaft. II, 3. pag. 20. v. Brevern, Studien zur Geschichte Liv-, Esth- und Kurlands. 1858. pag. 11. — Ueber das dominium maris baltici cfr. auch G. Droysen, Archiv für sächsische Geschichte. II. und in v. Sybel's historischer Zeitschrift. XV.

[2] Heinr. X, 13. Die dänischen Chroniken kennen beim Zuge den König nicht, cfr. Usinger, deutsch-dänische Geschichte. 1863. pag. 193. Müller, Vita Andreae Sunonis. 1830 stimmt den dänischen Berichten bei. — Bonnell, Bulletin historico-philologique de l'académie de St. Pétersbourg. 1854. Tome XI, 54. und desselben Russisch-Livländische Chronographie. 1862. Commentar pag. 51.

in der eroberten Landschaft einen Bischof einzusetzen¹). Allein das ganze Unternehmen schlug fehl, die erbaute Holzburg musste wieder abgebrannt werden, da sich Niemand fand, der sie den Winter über gegen die wilden Oeseler vertheidigen wollte. So segelte der König, ohne etwas erreicht zu haben, wieder ab. Eins aber ist wichtig, Waldemar wollte eine feste Niederlassung gründen und die Insel unterwerfen.

Von nun an können wir den aufgenommenen Faden weiter verfolgen, eine Reihe Thatsachen weisen auf dasselbe Ziel. So schloss sich unmittelbar an diese Fahrt des Königs die Thätigkeit der ihn begleitenden Prälaten im Winter 1206/7 in Riga. Erzbischof Andreas hatte durch den oeselschen Zug eine Erweiterung seiner Erzdiöcese gehofft, das war nicht möglich gewesen; jetzt erkundeten er und Bischof Nicolaus wenigstens die Verhältnisse Livlands, erst zu Ostern des folgenden Jahres 1207 treffen sie wieder in der Heimath ein. —

Für sein Vordringen in den Osten hatte König Waldemar stets eine kräftige Stütze in der römischen Curie. Diese betrachtete seit dem Ende des XII. Jahrhunderts Dänemark als ihr Lehn²), stützte, schon in Folge des gemeinsamen Widerstandes gegen Deutschland, dasselbe in allen seinen Unternehmungen. Ganz besonders gross aber zeigte sich ihre Sorgfalt bei den Versuchen gegen die östlichen Heiden: dem Erzbischof Andreas hatte sie 1206 die günstige Bulle verliehen; als Waldemar wenige Jahre später seine Pläne in den Osten wieder aufnehmen will, ist Innocenz III. eifrig bemüht, alles fortzuräumen, was hinderlich sein könnte: er ermuntert in einer

---

¹) ut in civitate, welche er bekehrt, catholicum valeas episcopum ordinare. Liljegren, Diplomatarium Suecanum I, 124. Diese Bulle weiss nichts von dem Amt, welches ihm Raynaldi Annales ecclesiastici a. a. 1207, § 4 beilegen: quem (sc. Lundensem archiepiscopum) in Livoniam ad traducendos ad Christum ethnicos legatum miserat. Erst einige Jahre später wird und heisst er Legat.

²) Spittler, Ueber die ehemalige Zinsbarkeit der nordischen Reiche an den römischen Stuhl. 1797. — Brequigny, Epistt. Innocentii III Tom. II.: Bulle von VIII. Id. Nobr. p. n. a. VII. — Raynaldi Ann. eccl. 1221. § 40. Usinger pag. 20, 22.

Reihe Bullen den König selbst, ruft das dänische Volk, dann den
Kaiser Otto zur Unterstützung an, ermahnt in einem Rundschreiben
alle Nachbaren Dänemarks, dasselbe während des Königs Abwesenheit nicht zu belästigen, nimmt endlich König und Reich in seinen
Schutz[1]).

Die Heerfahrt richtete sich 1210 gegen Preussen und Samland,
Mestwin, Herzog von Pomerellen, huldigte dem Könige von Dänemark, doch scheint das Unternehmen wenig bedeutend gewesen zu
sein, hinterlässt jedenfalls keine nachhaltigen Spuren[2]). Die päpstlichen Schreiben aber sind ein Beweis, wie sehr auf Förderung von
Rom zu rechnen war, sobald es sich um einen Zug gegen die
Heiden handelte. Diese Bestrebungen drückten den Dänen und
ihrem Könige den Stempel der Kirchlichkeit auf, und befestigten
die engen Bande mit der Curie immer mehr. Und wie den König die
Eroberungssucht in den Osten trieb, so führte den staatsmännisch
klugen und energischen Erzbischof der Bekehrungseifer auf dasselbe
Gebiet, die Beihilfe des Papstes war hier selbstverständlich und wurde
mit besonderem Nachdruck ertheilt, als Innocenz am 12. April 1212
Andreas zum Legaten des apostolischen Stuhles für die Bekehrung
der umliegenden heidnischen Gebiete bestimmte[3]). —

---

[1]) Regesta diplomatica historiae danicae. Tom. I. 1847. Nro. 579, 580,
578, 582, 583. Usinger pag. 153 meint die deutschen Verwicklungen hätten
die Schreiben wünschenswerth gemacht; doch wird in allen bis auf das
Rundschreiben die Kreuzfahrt als Grund angeführt.

[2]) Ann. Ryenses in Pertz, Mon. Germ. hist. Tom. XVI. a. a. 1210. In
Scriptores rerum Prussicarum I, pag. 777 ist 1209 wol ein Versehen. Usinger
pag. 215. Extraits des annales de l'Islande a. a. 1210 in Antiquités russes.
1852. Tom. II. Rafn überschätzt hier die Bedeutung des Zuges, wenn
er meint, dass durch denselben la plus grande partie de la Prusse unterworfen sei, weil les pays et les districts dont on fait énumération dans son
cadastre comprennent à peu près tout le pays. Man wird den Liber Census
Daniae für die preussischen Besitzungen nicht als massgebend erachten,
namentlich lässt die gleichzeitige preussische Geschichte an eine dauernde
Besetzung des Landes nicht denken. — cfr. auch v. Brevern pag. 11. Auch
Damberger, Synchronistische Geschichte der Kirche und Welt. Bd. IX. 1856.
pap. 655 geht zu weit.

[3]) ad convertendum circumstantes paganos. Liljegren, Dipl. Suec. I, 143.

War auch die Ostküste des baltischen Meeres in der Mitte des zwölften Jahrhunderts von deutschen Kaufleuten aufgesegelt worden, so ist doch der eigentliche Gründer der deutschen Colonie in Livland der 1198 erwählte Bischof Albert. Vergebens hatten sich seine Vorgänger Meinhard und Bertold hier abgemüht, Alberts praktischer Sinn erst erkannte, was noth that: ein günstig gelegener Ausgangspunct und eine stets kampfbereite Schaar, welche durch ihre Interessen ans Land selbst gefesselt war, — so entstanden bald nacheinander die Stadt Riga und der nach den Regeln der Templer gegründete livländische Orden, die Brüder der Ritterschaft Christi, 1201 und 1202[1]). Damit wurde dem Kriege gegen die Eingebornen ein besserer Erfolg gesichert: geleitet durch den Lauf der Flüsse, der Düna, dann der Aa gingen Eroberungen und Colonisation Hand in Hand. Unter steten Kämpfen gelang es trotz der schweren Anfechtungen der umwohnenden Völker, der Semgaller, Russen, Litthauer, nach Norden vorzudringen, gegen Ende des Jahres 1206 sahen sich alle Liven gezwungen, in Riga um Frieden nachzusuchen und die Taufe zu versprechen[2]). Wol durfte das als ein bedeutender Erfolg gelten, bis über die Aa hinaus war das Land unterworfen, doch blieb die Noth noch sehr gross, denn die Colonie besass nicht die Mittel, ohne nachhaltigen Beistand von Aussen ihren Feinden zu widerstehen. Freilich war Bischof Albert am 1. April 1207 zu Sinzig beim deutschen Könige Philipp für Livland zu Lehn gegangen[3]), vielleicht in Folge

---

Titel des Legaten führte Andreas solange Innocenz lebte, Honorius III. verleiht ihm 1. Febr. 1217 wieder die vices für Lund und Upsala. Liljegr. I, 169. Primas Sueciae war seit Hadrian IV. der Erzbischof v. Lund eo ipso, cfr. Geijer, Geschichte Schwedens Bd. I. 1832. pag. 144. Liljegr. I, 117.

[1]) Ueber die ganze Gründung der Colonie cfr. Hildebrand, die Chronik Heinrichs von Lettland 1865. pag. 57. 59. Warum aber. Heinr. VI, 6 Fratres quosdam Militiae Christi instituit „mehr unbestimmt auf ein Sammeln einzelner Ritter", gehen soll, und nicht ein „ganz bestimmt zu fixirender Act" der Gründung anzunehmen ist, leuchtet nicht ein.

[2]) Heinr. X, 13.

[3]) Heinr. X, 17 (Albertus) ad curiam regis Philippi pervenit et cum ad nullum regem auxilii haberet respectum, ad imperium se convertit et Li-

des dänischen Unternehmens, welches bei günstigem Ausgange durch die Besetzung Oesels die Selbstständigkeit der deutschen Gründung bedrohen konnte; freilich hatte der König bei dieser Gelegenheit jährlich hundert Mark als Unterstützung versprochen, „wenn nur durch Versprechungen Jemand reich sein könnte": im folgenden Jahr fiel der Staufer durch Meuchelmord. — In Livland selbst aber war Alles noch so neu und schwankend. Eine grössere Stärkung wurde dann wenigstens dem einen wichtigen Factor zu Theil, als der Bischof nach seiner Rückkehr dem Drängen der Ritter nachgab, und denselben ein Drittel des eroberten Landes am östlichen Ufer der Aa abtrat, wo Wenden bald ihr fester Mittelpunct wurde; allein der Orden, wenn jetzt auch schon zahlreicher, war doch in seinen Bewegungen durch das untergeordnete Verhältniss zum Bischof, welchem der Meister zu Hulde verpflichtet wurde, gehemmt, durfte auch seinen Besitz durch Eroberung heidnischer Gebiete nicht frei und ungehindert ausdehnen; seiner Ohnmacht mussten jährlich Pilger aus Deutschland nachhelfen, wenn es im weitern Kampfe

---

voniam ab imperio recepit. Winkelmanns Vorschlag in Mitth. XI, 312: ad regem nullum auxilii haberet respectum = „bei dem Könige keine Aussicht auf Hilfe hatte" und das auf Waldemar zu beziehen, vermag ich nicht beizutreten, da dann nur von einem Könige die Rede wäre und das doch der eben erwähnte Ph. sein müsste. Gemäss der Parallelstelle Heinr. XXIV, 4 Livonia ... ad Imperium semper haberet respectum übersetze ich: „da er zu keinem Könige wegen Hilfe Beziehungen (Rücksicht, Verbindlichkeit) hatte"; so heisst es, locus ad sedem apostolicam respectum habet nullo mediante in der Urkunde des Legaten Conrad in Chr. mont. seren. ed. Eckstein. pag. 177. — Auch ich denke an Waldemar, den ich aber bei Wink. Emendation schwer hineinbringen kann. Usinger pag. 188. Ficker, Vom Reichsfürstenstande. 1861. I, pag. 97. — Dass der Bischof vom Könige ad imperium se convertit et Livoniam ab imperio recepit, ist eine Fiction, die jedoch in dieser Schärfe im deutschen Staatsrecht vollständig begründet ist, in Chroniken freilich selten so präcis gefasst wird wie hier. cfr. die urkundlichen Belege: vom Jahre 1184 bei Toeche, Kaiser Heinrich VI. 1867. pag. 600, und besonders die goldene Bulle über Errichtung des Herzogthums Braunschweig für Otto das Kind 1235, dessen Besitz der Kaiser in Imperium transtulimus et concessimus, ut per Imperium infeodari deberet. Pertz, Mon. Germ. hist. IV, 318.

gegen die Eingeborenen vorwärts gehen sollte. Oft jedoch waren diese Kreuzfahrerschaaren nur klein, trotzdem dass Papst und Kaiser sie begünstigten, und livländische Kreuzprediger für eine Fahrt in den Nordosten denselben Ablass verkündeten, wie für eine ins gelobte Land. Denn wie dieses als das Eigenthum des Sohnes, galt Livland als der Besitz der Mutter Gottes[1]).

Die Noth aber stieg hier fort und fort, denn bedeutend schwieriger als der Kampf gegen die Liven und Letten wurde der Krieg gegen die Esten. Diese tapferer, freiheitsliebender als ihre südlichen Nachbaren, standen mit aller Macht für ihre Unabhängigkeit ein. Und dieselbe war noch durch kein Unterthanenverhältniss gelähmt, noch war ihrem Heidenthum durch glückliche, christliche Mission kein Abbruch gethan, daher antworteten sie auf die Versuche der Unterwerfung und Bekehrung mit der ganzen Wucht ihres kräftigen, nationalen Unabhängigkeitsgefühls und der starren Anhänglichkeit an den Glauben ihrer Väter.

Der erste grosse Erfolg, welchen die Deutschen endlich ihnen gegenüber errangen, war die Eroberung der festen Estenburg Fellin, Frühling 1211[2]). Eine Verbindung der nördlichen Stämme, der Oeseler und Rotaler, wurde glücklich abgeschlagen, der südwestliche Theil Estlands, Sackala, schien erobert. Der bewährte Abt Theodorich v. St. Nicolaus wurde zum Estenbischof geweiht[3]), fürs Erste freilich noch als episcopus in partibus.

Durch steten Kampf, den nur vorübergehend ein Waffenstillstand unterbrach, brachten die Deutschen dann allmählich weitere Gebiete an sich. So galt 1216 der südliche Theil Estlands, neben Sackala

---

[1]) Bulle Innocenz III. in Liv-, Esth- und Curländisches Urkundenbuch ed. v. Bunge. Bd. I. 1853. Nro. XIV. Winkelmann, Mittheil. XI, 309. Die Nachrichten, welche Arnoldi Chronica Slavorum ed. in Pertz, Mon. Germ. hist. XXI. lib. V, 30 gibt, dass Coelestin bereits dieselben Indulgenzen wie für Jerusalem auch für eine Livlandsfahrt verliehen, sind wol eine Verwechslung mit Innocenz III.
[2]) Heinr. XI, 1.
[3]) Hildebrand pag. 85.

im Westen auch Ugaunien im Osten, als unterworfen, selbst im Nordwesten, in den Strandprovinzen der Wiek, begann die Taufe[1]). — Da aber trat der Rückschlag ein: die Erfolge der deutschen Waffen riefen die Russen auf den Kampfplatz, welche Livland als Erbtheil der Väter betrachteten, und es jetzt nicht in fremde Hände übergehen lassen wollten. In ihnen erwuchs den Deutschen ein höchst gefährlicher Feind, der grössere Massen ins Feld führte als die Esten. Die Züge der Russen waren die verheerendsten und gefürchtetsten im Lande.

Der Fürst Wladimir v. Plescau erhob Ansprüche auf Ugaunien, und fiel in dasselbe ein. Die den Deutschen unterworfenen Esten verbanden sich mit ihm, Russen, Oeseler, Sackaler belagerten gegen 20000 Mann stark Odempä im Februar 1217. Ein deutsches Hilfsheer unter dem Ordensmeister Volquin war nicht im Stande die Burg zu entsetzen, durch Capitulation fiel sie an die Russen, Theodorich, Bischof Alberts Bruder, kam als Geissel in die Hand der Novgoroder[2]). Ugaunien sowie Sackala gingen den Deutschen verloren, sie waren aus Estland vollständig hinausgedrängt.

In dieser Lage scheint Bischof Albert daran gedacht zu haben, einen Theil des Verlorenen aufzugeben, da er erkannte, dass zur Behauptung des Ganzen seine Kräfte nicht reichten[3]). Er wollte den Frieden von Odempä bestätigen, sandte desswegen Boten nach Sackala und Novgorod; aber sein Gesuch wurde abgeschlagen, seine flehende Bitte den Bruder freizugeben, nicht erfüllt. Russen und

---

[1]) Heinr. XIX, 8.
[2]) Heinr. XX, 3—8. Новгородская первая лѣтопись in Полное собрание русскихъ лѣтописей. Томъ III. 1841. a. a. 6725. Псковская перв. лѣтопись in Томъ IV. 1848. a. a. 6725 ist aus jener abgeleitet. Die russische Quelle ist gut unterrichtet, gibt für diesen interessanten Kampf manche Einzelheiten mehr als die deutsche: Versuch der Esten die Russen zu täuschen, Ueberfall in Tagesfrühe; auch sie weiss, dass ein Heerführer gefangen ward.
[3]) Hildebrand pag. 104.

Esten dachten vielmehr jetzt daran, mit vereinten Kräften[1]) die deutsche Colonie völlig zu vernichten. Der Bischof befand sich in der höchsten Noth, er fuhr, wie schon so oft früher, nach Deutschland, und rief die Gläubigen zur Pilgerfahrt auf. Hier hatte Graf Albert von Holstein 1215 oder 1216 einen Kreuzzug gegen die Heiden Livlands gelobt und konnte jetzt denselben ausführen. Mit etwa zehn seiner Mannen, welchen Papst Honorius III. auf des Grafen Bitte gestattete, anstatt nach Jerusalem, wie sie es versprochen, nach Livland zu gehen, segelte der Holsteiner ab, Sommer 1217[2]). Vielleicht beschleunigte die Predigt des Bischofs v. Livland und die Schilderung der jüngsterlebten Russen- und Estenanfälle die Abfahrt des Grafen[3]).

---

[1]) Bonnell, Chronographie pag. 34: „eine Tagsatzung aller Esten" in Sackala. Die Quellen kennen eine solche nicht.

[2]) Regesten des Grafen Albert bei Usinger pag. 441.

[3]) Der Graf bittet Honorius: ut saltem decem de familia (mea) specialibus ... dare licentiam (dignaremini) ut (mecum) in Livoniam transire valeant, voto peregrinationis terrae sanctae in aliud commutato. Nur ungern geht der Papst hierauf ein: majori bono praeponi non debeat minus bonum. Livl. U. B. XXXIX. Ihm lag Jerusalem mehr am Herzen: als die Bischöfe und Fürsten der Provinz Gnesen 1217 wünschen, dass Kreuzfahrten, welche nach Jerusalem gelobt sind, gegen die Preussen gerichtet werden dürften, willfahrt der Papst nur sehr bedingt, denn inter ceteras sollicitudines nostras primum locum obtineat negotium terre sancte. Theiner, Vetera monum. Polon. et Litthuan. I, 4. cfr. auch Rethwisch, die Berufung des deutschen Ordens gegen die Preussen. 1868. pag. 9. — Graf Albert hatte sich an Innocenz III. gewandt, ut sibi liceret characterem crucis accipere. Livl. U. B. XXXIX. Innocenz starb 16. Juli 1216, also spätestens in der ersten Hälfte dieses Jahres ist das Gelöbniss abgelegt; Heinr. XXI, 1 dagegen wird Frühling 1217 erst von der Kreuzpredigt des Bischof Albert in Deutschland erzählt, und denn heisst es: Et audivit comes Albertus ... omnia mala, quae Rutheni simul et Estones inferebant Ecclesiae Livoniensi et sumpta cruce in remissionem peccatorum ... profectus est in Livoniam. Die mala, quae Rutheni inferebant, können nur die Züge vom Herbst 1216 und Frühling 1217 sein, denn ein projectirter Zug Wladimirs v. Polozk war im April 1216 nicht ausgeführt worden, Heinr. XIX, 10; 1212 kam es nicht zum Kampf, Heinr. XV, 8; XVI, 2. Also ist sumpta cruce nicht Folge des vorhergehenden Satzes, wie es wol scheinen könnte. Usinger pag. 194, 440. Bonnell, Chronogr. Commentar pag. 58.

Nach seiner Ankunft gingen die Deutschen wieder aggressiv gegen die Esten vor, und erwehrten sich der nächsten gefährlichen Feinde, der Sackaler. Bevor die herbeigerufenen Russen denselben zu Hilfe kamen, schlug die deutsche Gesammtmacht, im Ganzen 3000 Mann, die doppelt so zahlreichen Esten in blutiger Schlacht unweit Fellin aufs Haupt. September 21. 1217. Lembit, der tapfere Führer der Nationalen, Kaupo, der treue Bundesgenosse der Deutschen, beide fielen. Die Frucht des Sieges war die Wiederunterwerfung Sackala's unter die Herrschaft der Deutschen[1]).

Soweit hatte Graf Albert für livländische Interessen gefochten, was wir aus der übrigen Zeit seiner Pilgerfahrt hören, zeigt einen anderen Charakter. Lebhaft wünschte er im Winter 1217/8 das Heer nach Oesel zu führen: zu diesem Zweck erbaute er eine grössere Maschine, ermuthigte Alle für sein Vorhaben. Mehrere Mal traten die Schaaren auch zusammen, aber starke Regengüsse machten es unmöglich über das Eis zur Insel zu gelangen. Der Zug unterblieb, man wird gestehen, er entsprach „den bisherigen Absichten der Livländer wenig; wol aber den Unternehmungen der Dänen[2])". Die Unterwerfung Oesels musste, wie das auch später der Fall war, den Abschluss bilden nach der Eroberung des ganzen festländischen Estland; schon jetzt das wilde Inselvolk zu zügeln, waren die Deutschen zu schwach. Den Dänen lag es aber daran, wenigstens sich dieser seeräuberischen Plagegeister zu erledigen, wenn sie die Insel auch nicht für sich unterwarfen; nach dieser Richtung wird Graf Albert haben sorgen wollen. Als sein Plan scheiterte, betheiligte er sich an den Zügen der Folgezeit ebensowenig[3]) wie der Orden;

---

[1]) Heinr. XXI, 2—5. Livl. Reimchronik v. 503 und Commentar pag. 732: Kaupo stirbt hier schon viel früher, cfr. Pabst Vermuthung über Verwechselung der Jahreszahlen XXI, 4 Anm. 1. Graf Albert und Schlacht bei Fellin Reimchr. v. 1333. Bonnell, Bulletin XI, 79.
[2]) Hildebrand pag. 106.
[3]) Usinger, dem der Graf nur Pilger ist, spricht pag. 195 von dessen, Kampf gegen den König von Novgorod, welcher aber in der Zeit, da Albert in Livland ist, gar nicht dort auftritt, ferner gegen die Oeseler, die jedoch beim

die versammelten Rigischen, Letten und Liven aber drangen nach
Norden vor, zersprengten einen Trupp Oeseler, welcher an der
Salis plünderte, und zwangen die Gebiete des Nordwestens, von der
Wiek bis Revel, Geissel zu geben und die Taufe zu versprechen.
Damit waren die Seelandschaften unterworfen. Freiwillig schickte
nun auch Jerwen Gesandte, und trat in Gegenwart des Grafen
Albert unter die Botmässigkeit der rigischen Kirche und aller rigi-
schen Aeltesten, stellte Geisseln, gelobte sich taufen zu lassen und
Zins zu zahlen. So war die Mitte und der Nordwesten Estlands
unter deutscher Herrschaft; als die Oeseler im Frühling 1218 nochmals hier plündern wollten, wurden sie zurückgeworfen. — Bald
darauf zog der Graf Albert v. Holstein heim, das Jahr seiner Pil-
gerschaft war vollendet; ihn begleitete wol der Abt Bernhard v. St.
Nicolaus.

War durch diese letzten Züge auch manches errungen, so blieb
doch ungleich mehr zu thun. Die Hilfe des mächtigen dänischen
Vasallen war doch nur geringfügig gewesen, und so war auch der
frühere Besitzstand nicht hergestellt: Ugaunien blieb frei und damit
die Flanke nach Osten offen. Die unbändigen Sackaler waren jeden
Augenblick zum Abfall bereit, der' Norden und Nordosten entzog
sich allem deutschen Einfluss, Oesel warf fort und fort seine räu-
berischen Schaaren auf das Festland hinüber, und der gefährlichste
Feind, die Russen, standen noch für das nächste Jahr in Aussicht.
Wie verschieden auch die Einzelinteressen dieser Gegner sein mochten,
— einig waren sie in einem Puncte: in ihrem Hass wider die Deutschen, der führte sie immer wieder zusammen. Die Esten kämpf-

---

ersten Mal von Rigischen, Liven und Letten getroffen werden, beim zweiten
erant septem tantum ex servis Episcopi Teutonici et octavus erat sacerdos
Godefridus, ... et Vesike cum suis Livonlbus, welche gegen die Oeseler
fechten; Heinr. XXI, 7. Auch begleiteten die Bischöfe Albert und Theodorich den Grafen nicht auf der Heimreise, wie Usinger annimmt. — Die
Darstellung des Kampfes gegen die Oeseler wie sie Winter, die Cistercienser des nordöstlichen Deutschland. 1868, pag. 246 gibt, ist durch den
Irrthum, dass Ledegore auf Oesel liege, völlig schief geworden. —

ten für Freiheit, Glaube, Sitte; die Russen wollten die Deutschen, diesen fremden Körper, aus ihrem Gesichtskreis bannen, weil er sie in ihren Berechnungen auf Livland störte, und sie seine Uebermacht fürchteten, sobald er auch die Esten unterworfen. So schwer blieb die Lage der deutschen Colonie, das waren die Nachrichten, welche dem Bischof Albert über das Verhältniss seiner Gründung zu ihren benachbarten Feinden gebracht wurden. —

Und hiezu kamen dem Bedrängten noch andere Sorgen. Das Bisthum Livland war von Bremen aus gestiftet worden, dann aber durch Innocenz III. am 20. Febr. 1213[1]) von jeder Metropolitangewalt befreit. Allein nicht so leicht lies das Erzbisthum diese Diöcese fahren, lange hat es den Kampf um dieselbe geführt. Zum ersten Mal scheint 1217 der dänische Parteigänger Erzbischof Gerhard das Ansinnen an Livland gestellt zu haben, sich ihm wieder unterzuordnen, und um dieses zu erreichen wurde die Abreise der Livlandsfahrer, wol aus Lübeck, welches Diöcesanbisthum Bremens war, untersagt. Bischof Albert wird sich klagend nach Rom gewandt haben, und der Papst verbot in einem Briefe von Ende April 1218 dem Metropoliten die livländische Kirche zu bedrücken und seiner Jurisdiction zu unterwerfen. Eine andere Bulle vom 30 April desselben Jahres tadelt ihn hart, dass er die livländischen Pilger bei der Abfahrt hindere, er soll sie vielmehr fördern und sich dadurch den Lohn Gottes erwerben. Das fruchtete aber wenig: wurde auch der Hafen freigegeben, so sah sich der Papst am 26. October 1219 doch veranlasst, dem bremer Capitel — Erzbischof Gerhard war vor Kurzem gestorben — in strengen Ausdrücken sein Missfallen nochmals auszusprechen, dass es wiederholt der Kirche Livlands zumuthe, sich Bremen zu fügen[2]). — So erlitt die deutsche Colonie auch geistliche Noth.

---

[1]) Livl. U. B. XXVI.

[2]) Dass im Ganzen drei Schreiben erlassen wurden, folgt aus Raynaldi Ann. eccl. 1218. § 40 wo er zwei Bullen dieses Jahres kennt: archiepiscopo Bremensi mandat (Ep. 1038) ne Livoniensi episcopo molestiam facessat, neve

Als der Graf von Holstein und Abt Bernhard in Deutschland eintrafen, Frühling 1218, erfuhren die Bischöfe Albert und Theodorich die livländischen Ereignisse der jüngstverflossenen Zeit. Sie erkannten, welch schwerer Druck noch immer auf dem Lande laste, und doch waren keine besonders mächtigen Pilger für das Jahr 1218 gewonnen, nur eine sehr kleine Zahl Kreuzfahrer schickte sich zur Abreise an. Für ausserordentliche Verhältnisse waren auch ausserordentliche Mittel erforderlich, besonders trat der Mangel einer Flotte hervor, um von verschiedenen Seiten die Esten zu fassen. Grosses schien erreichbar, wenn der König von Dänemark Hilfe gewähren wollte, als ein natürlicher Vermittler zu Unterhandlungen bot sich der heimkehrende Neffe dar, welchen seine Vasallenpflicht an den Königshof rief; mit ihm gingen die livländischen Prälaten Albert, Theodorich und Bernhard.

Wol nie ist Dänemark mächtiger gewesen als in diesem ersten Viertel des XIII. Jahrhunderts, und eine glänzendere Versammlung hat es kaum gesehen als die, welche sich Johannis 1218 in Schleswig zur Krönung des Nachfolgers einfand, ein Spiegelbild des Reiches: fünfzehn Bischöfe, drei Herzöge, drei Grafen umgaben den Thron[1]), unter letzteren wol auch der Holsteiner. Solch grosse Reichstage wurden ganz besonders in der Zeit von Kreuzpredigern aufgesucht, und so werden auch die livländischen hier ihres Amtes gewartet, und vielen das Kreuz angeheftet haben, die bedeutende Anzahl Schiffe, welche im folgenden Jahre nach Estland ging, wird

---

illius ecclesiam conetur metropolis suae jurisdictioni subjicere, graviterque ipsum redarguit (Ep. 1039) quod crucesignatos Christi fidelibus Livoniae suppetias afferre prohibuisset. Dieser letzte Brief ist Livl. U. B. XLI. Auch die Octoberbulle 1219 Livl. U. B. XLIV. bezieht sich mit eum jam super hoc alia vice receperitis scripta nostra. Ut igitur ex iteratione mandati etc. auf das erste Schreiben, welches nach der Regestennummer 1038 wol ebenso am 30. April 1218 erlassen ist wie der andere Brief 1039.

[1]) cfr. die lebendige Schilderung des Reichstages bei Usinger pag. 227. — Ann. Ryenses in Mon. Germ. hist. XVI. a. a. 1218. Pabst XXII 1. Anm. 5. über die Zahl der Bischöfe unter welchen auch die livländischen.

hiedurch erklärlich. — Mit dem holsteinschen Grafen begaben sich die Bischöfe dann zum König und alle zusammen baten denselben flehentlich, im nächsten Jahre seine Flotte nach Estland zu senden und die Esten zu demüthigen, damit sie und die Russen endlich aufhörten, die Christen in Livland mit Krieg zu überziehen¹).

So erhielt Waldemar die Aufforderung in den Osten zu ziehen. Er konnte alle Eroberungspläne, welche durch die Lösung wichtigerer, näher liegender Angelegenheiten zeitweilig geruht hatten, aufnehmen, und schien doch nur als Kreuzfahrer stürmischen Bitten nachzugeben. Von nun an beginnt er seine wichtige Rolle in der Geschichte der deutschen Colonie zu spielen, die Bischöfe ahnten wol kaum, wie verhängnissvoll ihr Gesuch werden sollte. Der letzte grosse Schritt wurde auf der Bahn gethan, welche die dänische Politik nach Osten eingeschlagen hatte: in naturgemässer Steigerung schloss sich an den Zug des Königs von 1206 gen Oesel, den Aufenthalt der dänischen Prälaten in Riga Winter 1206/7, die Kreuzfahrt Waldemars nach Preussen 1210, die Ernennung Erzbischof Andreas zum Legaten für die Bekehrung der umwohnenden Heiden 1212, den Pilgerzug des königlichen Neffen und Vasallen Graf Alberts 1217, — an alle diese²) Vorstufen reihte sich jetzt die Heerfahrt des auf der Höhe seines Ruhmes und seiner Macht stehenden Königs. Als er „den grossen Krieg der Russen und Esten gegen die Livländer vernahm, versprach er, im folgenden Jahre mit seinem Heere nach Estland zu kommen, sowol zur Ehre

---

¹) Heinr. XXII, 1 suppliciter rogantes, quatenus exercitum suum navalem anno sequenti converteret in Estoniam, ut magis humiliati Estones Livoniensem Ecclesiam cum Ruthenis impugnare cessarent.

²) Der Zug des meklenburgischen nobilis vir Heinrich Borwin, Heinr. XXII, 1. scheint nur fromme Uebung gewesen zu sein, obgleich der Vater Borwin I. dänischer Vasall war. Die Herren von Meklenburg werden erst 1348 als veros principes et duces in den Fürstenstand erhoben, cfr. Ficker, Vom Reichsfürstenstande pag. 118, wenngleich sie selbst sich schon früher principes nennen, Ficker. l. c. 31. Der Titel nobilis vir ist völlig correct.

der heiligen Jungfrau als zur Vergebung seiner Sünden. Und die Bischöfe freuten sich[1]."

So erzählt der Chronist, aber so einfach und schlicht sind diese Angelegenheiten nicht geregelt worden. Waldemar war kein gewöhnlicher Pilger, ohne Gegenleistung errangen die livländischen Bischöfe das königliche Gelöbniss nicht. Der Dänenherrscher war viel zu sehr Politiker, als dass er ihre Noth nicht für seine Pläne ausnutzen sollte; viel zu sehr Eroberer, um nicht durch das Aufgebot seiner gesammten Flotte auch einen Zuwachs an Land und Macht zu erstreben; er war endlich Däne und als Bittflehende nahten sich ihm Deutsche. Hatte er dem deutschen Reiche gegenüber seine Herrschaft bisher siegreich ausbreiten, bis Elbe und Elde Länder desselben an sich bringen[2], in Christianisirung und Unterwerfung der nordöstlichen Slaven der glücklichere Nebenbuhler desselben werden können, warum sollte er nicht auch jetzt dem Vordringen der Deutschen in der abgesprengten Colonie ein Ziel setzen? Aber er wollte sicher gehen und seines Erfolges gewiss sein, daher begann er mit den Bischöfen Unterhandlungen, verlangte, dass sie zu seinen Gunsten auf gewisse Gebiete verzichten sollten. Nur schwer wird sich Albert dazu verstanden haben, aber von der Noth getrieben und vom Könige gedrängt, hat er es schliesslich gethan und in Estland Abtretungen bewilligt. Eine Urkunde wurde, soviel sich noch die Vorgänge erkennen lassen, nicht abgefasst, man verhandelte nur mündlich[3]: der König versprach die Bezwingung

---

[1] Heinr. XXI, 1.
[2] Usinger pag. 160.
[3] Am meisten Ausbeute für das Resultat giebt die gleich zu erwähnende Urkunde, dann Heinr. XXIII, 10. und XXIV, 2. über welche weiter unten. Doch kann die Frage mit völliger Sicherheit nicht entschieden werden, sie ist sehr controvers: v. Brevern, Studien pag. 102: „Es ist nicht unmöglich, dass Bischof Theodorich von Leal 1218 eine solche Abmachung mit dem Könige getroffen" und ganz Estland ihm abgetreten; allein Heinr. XXIII, 10 und XXIV, 2.weisen mit Episcopis Liuoniensibus und Rigensibus Episcopis in erster Stelle auf Albert und erst in zweiter auf Theodorich; Bonnell, Chronographie a. a. 1218 neigt auch dahin, ganz Estland sei übergeben;

der heidnischen Esten, forderte aber dafür, dass das Land, welches er erobern werde, zum dänischen Reiche falle; der Bischof gab Preis, was er doch nicht erwerben zu können schien; die Grenzen wurden nicht festgestellt, dänischerseits wird man sich kaum über dieselben klar gewesen sein, Waldemar glaubte auf alle noch freien heidnischen Gebiete in Estland Anrechte erworben zu haben, und in diesem Sinne wandte er sich bald darauf in einem Schreiben an die Curie und bat, dass die Gnade des apostolischen Stuhles ihm gestatte, die Länder, welche er aus den Händen der Heiden reissen werde, seinem Reich und den Kirchen desselben einverleiben zu können[1]). Das günstige Verhältniss zwischen Dänemark und Rom kam dem König jetzt wieder zu Statten: gern gewährt Honorius III. die Bitte in einer Bulle vom 9. October 1218. — Bei einem etwaigen spätern Streit zwischen dem Könige und den Bischöfen konnte eine günstige Bestimmung des geistlichen Oberhauptes gegenüber diesen geistlichen Würdenträgern von Werth sein, dazu hatte sie für die

---

Usinger pag. 196 hält es nur ganz im Allgemeinen für wahrscheinlich, dass etwas abgetreten sei. Sehr eingehend und mit uns im Wesentlichen übereinstimmend ist Hildebrand pag. 112: „Albert hatte ... das ganze uneroberte Estenland dem Könige überwiesen", ihm schliesst sich Bienemann, Aus baltischer Vorzeit. 1870. pag. 24 an. Dass die Grenze irgend wie fixirt wurde, bezweifle ich, und gar nicht erwogen wurde offenbar, ob die Deutschen das Recht behielten, gleichzeitig mit den Dänen heidnische estnische Gebiete für sich zu unterwerfen, das wurde beim spätern Streit das punctum saliens. — Eigenthümlich ist, dass in Stensby 1238 dieselbe Grenze zwischen deutschem und dänischem Gebiet gezogen wurde, welche 1218 zwischen freien und unterworfenen Landschaften gilt; denn auch Jerwen halte ich 1218 für unterworfen nach Heinr. XX, 6 und XXI, 6. cfr. Hildebrand pag. 111.

[1]) Livl. U. B. XLI, a. Honorius an Waldemar: Sane regia celsitudo a nobis humiliter postulavit, ut terram, quam de paganorum manibus eripere poteris, tuis et tuorum laboribus et expensis, regno tuo et ejus ecclesiis applicare de clementia sedis apostolicae dignaremur. — Wir dürfen wol annehmen, dass ein wesentlicher Theil der Bedingungen, über welche sich Waldemar und Albert geeint hatten, hier in der entschieden wörtlich angeführten Bitte des Königs vorliegt. Weniger als dem Könige abgetreten war, wird dieser sich von der Curie nicht haben zusagen lassen. Später überspringen die Dänen selbst die Grenzen, welche sie sich hier setzten, daher taucht die Bulle nie mehr auf.

kirchliche Organisation grosse Bedeutung. Unter allen Umständen war das Vorgehen des Papstes gegen Waldemar zu Gunsten der Bischöfe unmöglich gemacht. Vom deutschen Könige, der wol auch ein Recht der Einsprache besass, hatte der Dänenherrscher jetzt nichts zu fürchten, denn Friedrich II. war jedes Interesses für diese nordöstlichen Gebiete baar, zuviel wog ihm auch die Freundschaft des mächtigen Nachbaren.

Bischof Theodorich, dessen Sprengel Estland sein sollte, ging ganz zu Waldemar über, vielleicht konnte der ihn in seine Diöcese, für welche er nun schon sieben Jahr geweiht war, einweisen[1]. Bis die Flotte in die See stach, blieb er wol in Dänemark.

Bischof Albert dagegen wandte sich vom dänischen Königshofe nach Süden, das Kreuz predigend; für das nächste Jahr wollte er eine mächtige Pilgerschaar in Bewegung setzen. Er ging daher 1218 gar nicht nach Livland zurück, sondern der Decan von Halberstadt zog für ihn dahin, nur wenige Kreuzfahrer, unter diesen der Edle Heinrich Borwin von Meklenburg, schlossen sich an[2]. Nachdem Bremens Widerstand gegen die Abfahrt beseitigt war[3], segelte die kleine Schaar davon, eine nur schwache Hilfe gegenüber den zahlreichen und mächtigen Feinden, welche 1218 über die Deutschen in Livland herfielen.

Die Russen nämlich, die 1217 dort nicht erschienen waren, trafen im folgenden Jahre 16000 Mann stark ein. Ungeachtet der tapfersten Gegenwehr zogen sie verheerend und zerstörend bis Wenden. Hier stiessen auch die Estenschaaren herzu, die Oeseler nämlich, ja selbst die Sackaler hatten versprochen zu kommen; ein für die Deutschen glücklicher Kampf hatte zwar letztere gehindert, die Harrier dagegen erschienen und stritten mit den Russen zusammen gegen die Deutschen, während die Oeseler ungestraft in der Düna plünderten. Wenden selbst wurde zwar von den Russen nicht einge-

---

[1] Heinr. XXIII, 2.
[2] Heinr. XXII, 1.
[3] Livl. U. B. XLI. cfr. pag. 9.

nommen, aber ruhig kehrten die Feinde mit ihrer Beute heim. Sommer und Herbst 1218¹).

Im Februar des folgenden Jahres vereinten sich dann der Orden unter seinem Meister Volquin, die Pilger unter Heinrich Borwin, Liven, Letten und zogen nach Norden: Harrien besonders sollte gezüchtigt werden.

Trotz heftiger Kälte drangen sie durch dieses Gebiet bis zum Meere vor, verwüsteten die Landschaft Revel nach Möglichkeit und kehrten auf dem Eise des Meeres mit ihrem Raube zurück. Geisseln wurden nicht gefordert, ebensowenig das Versprechen der Taufe, an eine Unterwerfung dieser Gebiete dachten die Deutschen also noch nicht. Im Anfang März 1219 war man wieder zu Hause²).

---

¹) Heinr. XXII, 2—8. — Bonnell, Bulletin IX, 81.
²) Heinr. XXII, 9.

II.

DIE GRÜNDUNG DER DÄNISCHEN COLONIE.

In dieser vor kurzem ausgeplünderten Landschaft Revel liegt die Meeresbucht, in welcher König Waldemars mächtige Flotte von 1500 Segel im Sommer 1219 Anker warf. Ausser dem Könige waren noch bei dem Zuge der Primas Erzbischof Andreas v. Lund, Nikolaus, Bischof von Schleswig, Peter, Bischof von Roeskild, Theodorich, Bischof von Estland, „welcher die livländische Kirche verlassen hatte und dem Könige anhing[1]." Von weltlichen Grossen wird der Slavenfürst Wizlaus von Rügen genannt. Die Verhältnisse in der Heimath waren ruhig, kein gefährlicher Feind bedrohte Dänemark, daher konnte Waldemar sein Reich verlassen und das Gelübde des Kreuzzuges erfüllen.

Das Heer wurde ausgeschifft, die vorhandene Estenburg Lyndanise niedergerissen und auf demselben Felsen, auf welchem sie gestanden, eine dänische Feste erbaut. Die umwohnenden Reveler und Harrier sandten ihre Aeltesten ins Lager des Königs, man verhandelte mit ihnen und beschenkte sie, von den Bischöfen wurden sie getauft. Es schien, als werde ein Widerstand der Nationalen gar nicht erfolgen. Da aber, drei Tage später, überfiel das Esten-

---

[1] Heinr. XXIII, 2 relicta Livoniensi ecclesia, Regi adhaesit.

heer gegen Abend an fünf Stellen zugleich die Dänen so unverhofft und stürmisch, dass sie unterlegen wären, wenn nicht Wizlaus von Rügen, dessen Lager sich etwas abseits befand, die Seinen gesammelt hätte und den Dänen zu Hilfe geeilt wäre. So errangen die Christen den blutigen Sieg. Unter den Gefallenen war auch Bischof Theodorich, ein Theil der Esten hatte ihn, in der Meinung es wäre der König, im eigenen Zelt erschlagen. An seine Stelle wurde der Kaplan des Königs, Wescelin[1]), vielleicht von Geburt ein Deutscher, zum Bischof von Estland eingesetzt. Als das Schloss fertig war, hielt Waldemar die Seinigen gegen die Angriffe der Heiden für hinreichend gesichert, liess eine Besatzung zurück und segelte heim. Am 25. September ist er wieder in Alborg[2]). Erzbischof Andreas als königlicher Statthalter und Bischof Wescelin blieben in Estland und kämpften im Verein mit den königlichen Mannen das ganze Jahr gegen die Reveler, bis diese endlich die Taufe und damit die Fremdherrschaft annahmen[3]).

[1]) Heinr. XXIII, 2 Et referebat Rex et Episcopi gratias Deo pro victoria ... et in locum Episcopi praedicti Theodorici capellanum suum Wescelinum substituerunt. Pabst schwankt wessen Caplan er gewesen; Winter, Die Cistercienser des nordöstlichen Deutschland. 1868. pag. 247 hält ihn für Theodorichs Caplan, was nicht möglich, auch scheint Waldemar 1220 einen neuen Caplan zu haben. Reg. dipl. dan. I, 666. — Für den deutschen Ursprung spricht der Name Wescelin als apokoristische Form für Werner, cfr. Stark, Die Kosenamen der Germanen. pag. 334, 498. — und Albericus a. a. 1215 Postea additi sunt duo, scilicet Wescelo, Episcopus Rivaliae et unus de Dacia, Ostradus, Episcopus Wironiae. Scr. rer. Liv. I. pag. 245, und ähnlich liest Cod. MS. hist. 660 der göttinger Bibliothek fol. 196b Postea additi sunt alii duo, Wescelo etc. Die Nachrichten bei Albericus über Livland sind inhaltlich gut, cfr. Hildebrand pag. 70, Anm. 2.

[2]) Reg. dipl. dan. I, 663.

[3]) Die Hauptquelle Heinr. XXIII, 2. — Ann. Ryenses in Mon. Germ. hist. XVI. a. a. 1219 Rex Waldemarus congregato exercitu permaximo cum mille quingentis longis navibus Estoniam intravit, et post multa bella totam terram illam ad fidem Christi convertit et Danis subdidit usque in praesens. Die andern dänischen Annalen geben sachlich kein neues Material, wie die Ann. Lundenses in Nordalbingische Studien. Bd. V. berichten sie meist nur das Factum des Zuges. Petri Olai excerpta in Scr. rer. Danicarum, II, 203 beruhen soweit sie richtig sind, wol auf Ann. Stad., was derselbe

So wurde hier im Norden der Keim gelegt, aus welchem sich eine von der deutschen Colonie unabhängige Schöpfung entwickeln sollte. Fern von der deutschen Operationsbasis, der Düna, ging der König vor, und besetzte mit glücklichem Griff den günstigsten Punct der ganzen Meeresküste. Seine hohe Stellung, sein grosses Heer, sein ganzes Auftreten zeigt ihn verschieden von allen andern Pilgern gewöhnlicher Art. Ganz frei von jedem deutschen Einfluss handelte er hier wol nach einem Plan, welchem der Bischof Albert im Allgemeinen beigestimmt hatte. Der Stoss seines Angriffes diente den deutschen Interessen nur soweit, als er einen Feind, welcher sich nach Süden hätte wenden können, im Norden lähmte. Es wollten offenbar beide Theile frei von einander bleiben, daher combinirte man nicht dänische und deutsche Streitkräfte zu einem gleichzeitigen Angriff gegen die Esten, wodurch Bedeutendes hätte erreicht werden können. Von einer Gemeinsamkeit der Kriegsbewegung zeigt sich keine Spur, eine Erscheinung, die unmöglich zufällig sein kann.

Mit einem bedeutenden Pilgerheer war unterdessen Bischof Albert 1219 nach zweijähriger Abwesenheit in Riga gelandet, mächtige Kreuzfahrer kamen mit ihm, an ihrer Spitze der Herzog Albert von Sachsen[1]). Der Bischof lenkte diese Macht zunächst in den Süden, gegen Kurland. Den Kampf im Norden gegen die Esten begann von deutscher Seite in diesem Jahre der Orden: Rudolf von Wenden zog mit den Letten nach Jerwen[2]). Die Bewohner beriefen sich darauf, dass sie bereits 1218 dem Bischof Geisseln gestellt hatten; die Ritter warfen ihnen vor, sie hätten mit den Harriern wider die Dänen

---

in seinem Chronicon in Scr. rer. Dan. I, 121 erzählt, ist Fabelei der spätern Zeit: Der Danebrog fällt vom Himmel, Andreas betet gleich einem zweiten Moses etc. Aus ihm und Heinr. schöpft Hiärn. Die Mittheilungen der andern livländischen Chroniken sind mager und werthlos, auch Brandis, über welchen cfr. Excurs III. Erst Petr. Olaus gibt 15. Juni als Schlachttag. Die Nachrichten in Gesta et vestigia Danorum extra Daniam ed. Pontoppidan. 1741. a. a. 1218 sind Sage.

[1]) Heinr. XXIII, 1.
[2]) Heinr. XXIII, 6.

gestritten. Mochte das immerhin nur ein Vorwand sein, unter dem sich die Absicht des Ordens verbarg, in gleichem Maasse wie der Bischof Anrechte an Jerwen zu erwerben[1], so liegt hierin doch ausgesprochen, dass die dänische Niederlassung noch nicht als feindlich galt. — Die Jerwier mussten auch dem Orden Geisseln geben, und das Versprechen der Unterwerfung und Taufe erneuern. Gern willigte Rudolf dann ein, als sie ihn aufforderten, bald zurückzukehren und mit ihnen einen Zug nach Wirland zu unternehmen.

Zu diesem[2]) sammelte der Orden dann die Schaaren in Wenden, auch der Bischof liess seine Mannen zum Heere stossen, denn die gemeinsame Eroberung gab auch gemeinsame Ansprüche auf die Landschaft: ein ihm nahstehender junger Graf, welcher als Pilger in Livland war, zog mit, ebenso der bischöfliche Vogt Gerhard mit Liven und Letten, die Rigischen, endlich der Chronist. „Und nachdem die Deutschen fünf Tage jenes ganze Land ungemein schwer geschlagen und viel tausend Leute getödtet hatten, kamen endlich die Aeltesten der Landschaften, welche durch die Flucht entronnen waren, zu uns und baten flehentlich um Frieden." „Und es wurde Frieden gegeben, und nachdem wir Geisseln erhalten von den fünf Provinzen Wirlands, zogen wir zurück nach Livland mit allen Gefangenen und der ganzen Beute und lobten Gott für die Bekehrung der Heiden. Und es folgten fünf Aelteste von den fünf Provinzen Wirlands nach Riga mit ihren Geschenken, und nahmen das Mysterium der heiligen Taufe an und übergaben sich und ganz Wirland der seligen Maria und der livländischen Kirche, bestätigten den Frieden und kehrten froh nach Wirland zurück." Herbst 1219.

Diese Züge waren den Deutschen äusserst günstig, überall errangen sie Erfolge. Die grosse Macht, welche der Dänenkönig nach Estland geführt, hatte doch nur ein sehr kleines Gebiet besetzt, die

---

[1]) Hildebrand pag. 109
[2]) Heinr. XXIII, 7. —- Hildebrand pag. 112. — Hansen, Verhdl. d. estn. Ges. II, 3. 18.

Landschaft Revel, welche die Dänenfeste umgab. Sie wurde von den jüngsten Erwerbungen der Deutschen nur noch durch ein freies Gebiet geschieden, und auch dieses wollten dieselben jetzt einnehmen, doch sollten die Grenzen des dänischen Besitzes dabei nicht überschritten werden. In einer dritten Heerfahrt, etwa Februar 1220 zog das ganze rigische Heer, die Pilger, der Orden unter seinem Meister, die Bischöflichen unter Theodorich, Bischof Alberts Bruder, Liven, Letten wieder nach Norden, der Führer des Heeres war der Herzog von Sachsen. In Jerwen stiess man auf plündernde Oeseler, welche anfänglich unschlüssig, ob sie die dänische Feste berennen oder das den Deutschen bereits tributpflichtige Jerwen verheeren sollten, sich durch das Loos für letzteres entschieden hatten. Die Deutschen traten zum Schutz der unterworfenen Landschaft den Oeselern entgegen und beim Dorfe Karethen wurden die Heiden völlig geschlagen, 500 blieben auf dem Felde. — Darauf ging es weiter nach Norden: Harrien wurde verwüstet. Die Sackaler, welche am Treffen gegen die Oeseler nicht Theil genommen hatten, daher auch nichts aus der Schlachtbeute erhielten, fielen, um sich zu entschädigen, trotz des Verbotes ihrer Aeltesten, plündernd in die revelsche Landschaft, welche den Dänen gehorchte. Die Bewohner der benachbarten Burg Warbola in Harrien, da sie die Verwüstung ihrer Landschaft fürchteten, baten die Deutschen um Frieden. Sie mussten Geisseln stellen, die Taufe versprechen, dafür wurde ihr Gebiet nicht verheert[1].

So war auch dieser Zug erfolgreich gewesen; bis an die dänische Colonie dehnte sich die Eroberung der Deutschen aus, auch die wilden Oeseler waren scharf gezüchtigt worden. „Friedlich neben einander hatten Deutsche und Dänen die Unterwerfung vollführt; diese freilich nur Reval erworben, jene alles Uebrige"[2]! Da stiessen die bisher verborgenen Gegensätze auf einander.

---

[1] Heinr. XXIII, 9.
[2] Hildebrand pag. 109.

Die Deutschen so nah der Dänenfeste, schickten Boten dahin mit Mittheilungen über die jüngsten Errungenschaften, vielleicht entschuldigten sie auch das eigenmächtige Vorgehen der Sackaler. Eine Gegengesandtschaft erkannte den Erfolg der deutschen Waffen und die Gnade Gottes an, dankte für die Bekämpfung der Oeseler und Harrier, bestritt aber den Deutschen das Recht, ihre Erwerbungen nach Norden hin auszudehnen, da ganz Estland von den livländischen Bischöfen dem dänischen Könige abgetreten sei. Zugleich baten die Dänen um die Geisseln der Warboler. — Volquin war allein von den livländischen Machthabern anwesend, er trat diesen neuen, unerhörten Ansprüchen der Dänen entgegen, er rief den Herzog und alle Anwesenden zu Zeugen, dass er von einer Schenkung Estlands an den König nichts wisse; ganz Estland sei durch das Banner der heiligen Jungfrau von den Rigischen unter das Joch des christlichen Glaubens gebracht worden bis auf die revelsche Landschaft und Oesel. — Der Ordensmeister stellte sich auf den Standpunct der Eroberung, gab aber doch soweit nach, dass er die Geisseln der Warboler ablieferte, freilich ihren Vätern und nicht den Dänen, und nur, wie er sagte, als Ehrenbezeugung für den König und ohne dass das Recht der Deutschen dadurch irgend wie geschmälert werden sollte[1]). Eine leere Clausel! die Ansprüche der Rigischen auf Warbola waren an die Geisseln gebunden und schwanden, als dieselben entlassen wurden[2]); und welche Ehrenbezeugung konnte für den König die Rücklieferung der Geisseln an die Väter sein? Das war der erste Erfolg des dänischen Druckes.

Was der Bischof Albert that, als er hievon Nachricht erhielt, erfahren wir nicht; da der Anspruch der Dänen nicht ihm selbst gegenüber geltend gemacht wurde, scheint er sich fürs Erste ruhig verhalten zu haben. Doch sollte er bald persönlich in den Hader

---

[1]) Heinr. XXIII, 10.
[2]) cfr. welcher Nachdruck Heinr. XXVIII, 7 auf den Besitz der Geisseln gelegt wird, wer sie besitzt gilt als Herr des Landes. cfr. auch Livl. U. B. CXX.

gezogen werden, denn zum Zwist der Krieger gesellte sich rasch der der Friedensboten. In gleichem Maasse nämlich wie durch das Schwert der Anspruch auf das feindliche Gebiet begründet wurde, konnte das heidnische Land auch politisch durch die Bekehrung gewonnen werden. Die Bulle vom October 1218[1]) hatte dem Dänenkönig das Recht gegeben, alle Gebiete, welche er von der Finsterniss des Heidenthums zur Anerkennung des wahren Lichtes führe, als sein zu betrachten. Darauf gestützt suchten die Dänen, in den Territorien, welche sie als ihnen zustehend ansprachen, möglichst rasch und viel zu taufen. Aber auch die Deutschen wollten die eben unterworfenen Landschaften bekehren. Es entstand ein völliges Treibjagen, bei welchem die Dänen, um rascher zum Ziel zu kommen, selbst unerlaubte Mittel ergriffen, das Sacrament durch Laien verwalten liessen, sogar soweit gingen, Thabelin, einen Aeltesten aus Wirland zu erhängen, weil er von den Deutschen das Christenthum angenommen und seinen Sohn ihnen als Geissel gegeben hatte. Die rigischen Priester vermochten noch in Südwirland vierzehn Dörfer zu bekehren, in den andern Theilen der Landschaft wurden sie schon nicht mehr aufgenommen, sondern die Bewohner, durch die Drohungen der Dänen erschreckt, riefen diese zur Taufe herbei. Die deutschen Missionare, der Chronist Heinrich und Peter Kakewald, verliessen in Folge dieser dänischen Umtriebe Wirland und suchten sich in Jerwen ein anderes Feld für ihre Thätigkeit. Frühling 1220[2]).

Bald hörten sie, dass der Dänenpriester Wolther gleichfalls hier wirke. Jerwen, das der rigischen Kirche schon vor der dänischen Landung unterworfen war, mochten sie nicht so ohne Widerstand wie Wirland räumen, sie traten dem Dänen entgegen: „Dieses Land sei in der Botmässigkeit der Rigischen und dieser Weinberg sei unter dem Banner der seligen Jungfrau Maria durch den Eifer der Pilger und durch die Arbeit der Rigischen gepflanzt." Die deut-

---
[1]) Livl. U. B. XLI, a.
[2]) Heinr. XXIV, 1. 2.

schen Priester fühlten sich in ihrem Rechte, und um dasselbe durchzusetzen, begaben sie sich mit ihrem Nebenbuhler zum Erzbischof Andreas, vor dem sie ihre Ansprüche wiederholten. „Jedoch dieser Erzbischof sagte, ganz Estland, ob von den Rigischen erobert oder bis jetzt noch nicht unterjocht, gehöre dem Könige von Dänemark, dem es von den rigischen Bischöfen abgetreten sei. Und er schickte Boten nach Riga und befahl, sie sollten die herabhängenden Trauben nicht ablesen und ihre Priester nicht in die Winkel Estlands zum Predigen schicken. Ihm aber schrieb der rigische Bischof, der hochwürdige Albert zurück: dieser Weinberg der estnischen Kirche sei viele Jahre vor den Zeiten der Dänen von den Seinigen schon längst gepflanzt, mit dem Blute vieler und vielen Kriegsbeschwerden angebaut worden, und seine Priester seien nicht in den Winkeln Estlands sondern mitten in Jerwen und in Wirland und bis vor das Angesicht des Erzbischofs selbst erschienen"[1]).

Durch einen solchen Austausch biblischer Phrasen konnte freilich ein gleich entschiedener Gegensatz nicht erledigt werden. Der Fehler, dass man 1218 in Schleswig die beiderseitigen Ansprüche nicht auch territorial streng gegen einander abgrenzte, rächte sich nun. Der König hatte, wie wir annahmen, geglaubt, auf das ganze damals nicht bekehrte Estland Ansprüche erhalten zu haben; — die Deutschen wollten den Rivalen nur lassen, was diese eroberten. Der Punct, um den zunächst der Streit ausbricht, ob die Deutschen auch nach dem Auftreten der Dänen erobernd gegen die noch freien Esten vorgehen und das Gewonnene behalten dürfen, war offenbar dort nicht entschieden worden. Die Dänen verneinen es, und ihre Behauptung wiegt in dem Munde des Erzbischof Andreas um so schwerer, als dieser auf der Reichsversammlung zu Schleswig unstreitig zugegen war, und die hier gepflogenen Verhandlungen daher

---

[1]) Heinr. XXIV, 2. In Betreff des Textes cfr. die Berichtigungen bei Pabst.

entschieden kannte. Wenn er aber jetzt den Missionaren gegenüber ganz Estland forderte, so ging er damit zweifelsohne zu weit auf das Ganze hatte der Bischof Albert entschieden nicht verzichtet[1]), an das Ganze, wie die Octoberbulle von 1218 zeigt, der König auch nicht gedacht. Daher wagt Andreas auch nicht, diese Forderung in Riga zu wiederholen, sondern verlangt nur, dass Bischof Albert in bisher unbekehrten Gebieten nicht taufen lasse; und unserer Annahme entsprechend schützt der rigische Prälat in seinem Antwortschreiben nur das „vor den Zeiten der Dänen" bekehrte Estland als deutschen Besitz, sein Recht auf den übrigen Theil betont er nicht. — Was die Dänen wollen ist klar: durch die Feldzüge des Winters 1219/20 hatten die Deutschen das vollbracht, wozu jene lange nicht stark genug waren, sie hatten die Esten des Festlandes unterworfen, dadurch auch für die Dänen die Gefahr abgewandt, welche ihnen von dieser Seite drohte; jetzt sollen die Deutschen zum Verzicht auf diese neuesten estnischen Erwerbungen bewogen werden, aber so, dass letztere dadurch nicht, wie es bei Warbola geschehen, frei werden, sondern das dänische Joch gegen das deutsche eintauschen, kurz was das Blut der Deutschen erworben, wollen die Dänen mühelos ernten. Der Erzbischof besass freilich, wenn schon lange nicht die Macht, seine weitgehenden Forderungen auf ganz Estland durchzusetzen, so nicht einmal hinreichende Kraft, die Gegner zum Verzicht auf ihre jüngsten Eroberungen zu zwingen, denn die Mittel der deutschen Colonie waren der dänischen sicherlich überlegen; sehen wir zu, welch andere Kräfte mitwirkten, die Deutschen trotzdem Schritt für Schritt zurückweichen zu lassen.

Von wesentlichstem Einfluss war hiefür, dass Waldemar über Lübeck gebot, welches in dieser Zeit fast ausschliesslich den Verkehr zwischen Deutschland und Livland vermittelte[2]). Zunächst trat

---

[1]) Hildebrand pag. 111.
[2]) Livl. U. B. CXXX peregrini euntes in Livoniam sicut Lubicensem portum nullum habeant adeo sibi aptum. — Und Livl. U. B. CXXXVII

die Bedeutung dieses Hafens hervor, als in Betreff des estnischen Bischofsstuhles ein Zwiespalt entstand. Bischof Theodorich war zum dänischen Könige übergetreten[1]; als ihn die Heiden erschlagen hatten, wurde an seine Stelle Wescelin zum dänischen Estenbischof erhoben[2] und vom Erzbischof Andreas, welcher laut päpstlicher Bulle von 1206 das Recht hatte, in diesen heidnischen Gebieten Bischöfe zu ordiniren, geweiht[3]. — Aber auch Bischof Albert hatte am 30. September 1217 die volle päpstliche Autorität erhalten, in Livland und Estland Cathedralkirchen zu errichten und für diese Bischöfe zu ernennen und zu weihen[4]; so setzte er an Stelle des einst in Riga erhobenen Estenbischofs Theodorich seinen Bruder Hermann ein[5], Abt in St. Paul bei Bremen, und sandte Boten durch Kur- und Samland, ihn hievon zu unterrichten. Wir können die Zeit der Wahl Hermanns nicht genau feststellen, daher auch nicht bestimmt entscheiden, ob der Winter oder bereits der Dänenkönig die Ursache war, dass die Boten den Landweg einschlugen. Spätestens im Beginn des Jahres 1220 ist Hermann Bischof geworden. Er begab sich zum Erzbischof von Magdeburg und liess sich von diesem für Estland weihen. Da Bremen stets Livland zu seiner Erzdiöcese rechnen wollte, so wird wol aus diesem Grunde Hermann sich nach Magdeburg gewandt haben[6].

crucesignatis ... transfretantibus nullus ad applicandum sit portus aptior Lubicensi. — cfr. auch den Augenzeugen Arnold, Chr. Slavor. V, 30.
[1] Heinr. XXIII, 2 Estiensis Episcopus Theodoricus, in Riga quondam consecratus, qui relicta Livoniensi Ecclesia, Regi adhaesit.
[2] Heinr. XXIII, 2 in locum Episcopi praedicti Theodorici ... Wescelinum substituerunt.
[3] Livl. U. B. CXLVI. cfr. pag. 2.
[4] Livl. U. B. XL, LXI.
[5] Heinr. XXIII, 11 mortuo Theodorico, venerabili Estiensi Episcopo ... Albertus in locum ipsius fratrem suum Hermannum ... substituit. — Livl. U. B, LXI Theodoricum ... ad titulum Lealensem in Estonia episcopum ordinavimus. Illo autem a paganis occiso, germanum nostrum, dominum Heremannum ... loco ejus substituimus auctoritate apostolica, quam plenam habemus in eisdem partibus instituendi ecclesias cathedrales et in eis eligendi et consecrandi episcopos.
[6] Am 23. März 1219 verleiht Friedrich II. der magdeburger Kirche

Beide neuerwählten Prälaten sollten also Nachfolger Theodorichs sein, welcher zum Bischof von ganz Estland ernannt, und als solcher zum Könige übergegangen war, ganz Estland forderten jetzt auch die Dänen. Den Titel des Verstorbenen, welcher „einst in Riga geweiht war", nahm der von hieraus eingesetzte Hermann an, als Erbe der Rechte seines Vorgängers galt er den Deutschen. Dieser offenbare Widersatz[1]) in welchem er zu Wescelin stand, lenkte dann die Politik des Dänenkönigs; als der livländische Candidat in seine Diöcese fahren wollte, liess Waldemar es nicht zu, sperrte ihm den Hafen, und hat ihn jahrelang so zurückgehalten; selbst als sich schliesslich Hermann erbot, dem Dänen zu huldigen, gab dieser nicht nach[2]).

Aber der König war noch weiter gegangen; ohne Pilgerzuschuss war die livländische Colonie ohnmächtig, da befahl Waldemar, den Livlandsfahrern keine Schiffe zu stellen. Aus demselben Jahre 1219, in welchem er seine Colonie nach Estland führte, ist die erste päpstliche Bulle vom 29. October[3]), die ihm das verweist und ihn

---

omnes terras et provincias paganorum ultra Livoniam et circa ipsius terminos constitutos. Livl. U. B. XLII. a. — Bischof Albert war damals in Deutschland, sein Verhältniss zum Staufer ist, soweit wir sehen, ein gutes, die Urkunde ist wol nicht wider seinen Willen erlassen: hält man ultra Livonia etc. = Estland, und das liegt doch wol zunächst, so werden die Interessen eines neuen Machthabers hier gefesselt; „Friedrich wollte wohl . . . überhaupt der Ausbreitung der dänischen Herrschaft in Estland und Livland entgegentreten." Bonnell, Chronogr. a. a. 1219. Das Domcapitel zu Riga stammte theilweise aus den Prämonstratenserklöstern Gottesgnaden und Jerichov (Winter, die Prämonstratenser, pag. 116. 225. 232), am 1. Jan. 1223 erhielt es Prämonstratenserregel (Livl. U. B. LVI), die Verbindung mit Magdeburg war also sehr eng und wurde es später noch mehr. — Als Folge der königlichen Verleihung könnte vielleicht die Weihe Hermanns gelten, dieselbe wie Usinger pag. 200 für den Grund zu halten, ist chronologisch unmöglich. Hildebr. pag. 141. Anm. 2.

[1]) Hildebrand pag. 113 nimmt nicht an, dass „hier von vornherein ein Widerspruch" bestand, Wescelins Wahl „konnte natürlich nur für das dänische Estland Bedeutung haben, die Ernennung Hermanns allein für die deutschen Theile."

[2]) Heinr. XXIII, 11.

[3]) Livl. U. B. XLVI.

zur Unterstützung der Pilger auffordert. Der König änderte jedoch seine Maassnahmen nicht, da folgte ein zweites dringenderes Schreiben des Papstes am 18. April 1220: es habe ihn sehr Wunder genommen, dass da der Herr eine zahlreiche Menge Heiden in Livland bekehrt habe und ein glücklicher Fortgang hierin zu hoffen sei, der König daraus einen weltlichen Vortheil zu gewinnen, und die Neophyten seiner Herrschaft zu unterwerfen suche, und zwar indem er diejenigen, welche zum Gott wohlgefälligen Werk der Kreuzfahrt gerüstet seien, nicht absegeln lasse. Schon einmal sei er ihm mit einem väterlichen Mahnschreiben desswegen entgegen getreten, der König habe aber nicht gehört, zum andern Male wende er sich an ihn und fordere ihn mit Ernst auf, die Bischöfe von Livland, Selonien und Leal, sowie die Pilger mit Rath und That zu fördern und sich so das Wohlgefallen Gottes zu erwerben. Höre Waldemar auch jetzt nicht, dann, so schliesst Honorius, werde er, wie sehr er auch auf ihn, gemäss seiner hervorragenden Stellung, Rücksicht nehmen wolle, da nicht gegenüber Gott auf den Menschen, sondern gegenüber allen Menschen auf Gott zu achten sei, es nicht versäumen die Sache Christi zu verfolgen, auf dass er selbst nicht verdiene von Christus versäumt zu werden[1]).

Die gewundene und schonende Form des Briefes kennzeichnet die Stellung des Papstes, zu einem entschiedenen[2]) Vorgehen gegen den befreundeten König entschloss er sich nicht, daher blieb der Erfolg auch nur halb: den Kreuzfahrern zwar muss Lübeck geöffnet worden sein, denn hören wir auch nichts von einem grössern Pilgerzug, welcher 1220 nach Livland gekommen wäre, — und der Chronist verzeichnet sie sonst so genau, — so können wir doch nachweisen, dass der Graf Adolf von Dassel in diesem Jahre hinübergefahren

---

[1]) Livl. U. B. LII Alioquin quantumcunque tibi tamquam praecellenti deferre velimus, quia tamen non est deferendum homini contra Deum, cui est contra omnes homines deferendum, causam Christi nequaquam prosequi negligemus, ne ab eo negligi mereamur.
[2]) cfr. wie energisch Gregor IX. dieselben Verhältnisse 1234 behandelt Livl. U. B. CXXX, CXXXI, CXXXVII, CXLI.

ist[1]); Bischof Hermann aber, dem am meisten an der Reise lag, und den der Papst dem Könige namentlich empfohlen hatte, gelangte nicht nach Livland.

Waldemars gutes Verhältniss zu Rom wurde jedoch durch diese Gewaltthätigkeiten gegen Livland, das Land der Mutter Gottes, nichts weniger als getrübt, ohne Schwierigkeiten erlangte er für seine kirchliche Neuschöpfung in Estland die Bestätigung der Curie. Durch zwei Bullen vom 19. März 1220[2]) ward dem Bischof von Reval — das wurde der officielle Titel — die Erlaubniss gegeben, sich zur Unterstützung beim Bekehrungswerk Gehilfen aus den Cisterciensern oder andern Orden zu wählen, und in einem Rundschreiben des Papstes werden die Ordensvorsteher aufgefordert, taugliche Persönlichkeiten dem Prälaten für die Mission des heidnischen Landes abzutreten. Damit war der Bischof von Reval als rechtmässig anerkannt.

So stehen also ein Jahr nach der Gründung der dänischen Colonie in Estland die beiden Parteien aufs Schroffste einander gegenüber. Im Lande waren die gegenseitigen Ansprüche in der Form, in welcher sie aufgestellt wurden, nicht ausgleichbar, in der Ferne bedeutete der Besitz Lübecks für die Existenz der livländischen Colonie Alles.

---

[1]) Da er noch 1220 Zeuge in Braunschweig ist cfr. Vaterländisches Archiv des historischen Vereins für Niedersachsen. Jahrg. 1840. pag. 242, so kann er erst in diesem Jahre nach Livland gekommen sein; seinen Aufenthalt dort erfahren wir Heinr. XXV, 1 wo er Frühling 1221 zurückkehrt.
[2]) Livl. U. B. XLIX, L.

III.

DAS ÜBERGEWICHT DER DÄNEN.

Im Sommer 1220 erschien König Waldemar wieder selbst in Estland[1]). Als er von den Ansprüchen der Deutschen auf dasselbe hörte, wurde er unwillig und berief den Bischof Albert und die Brüder der Ritterschaft vor sich[2]). Da beide solche Forderungen aufgestellt hatten, wollte er auch beiden gegenüber sein Recht durchsetzen. Der Bischof aber fürchtete das unmittelbare Zusammentreffen mit dem gewaltsamen Herrscher, er ging nicht in die Dänenfeste, sondern suchte in seiner Bedrängniss Hilfe auswärts, er zog über das Meer. Anders handelte der Orden. Ihm war 1216 gleich den beiden Bischöfen Albert und Theodorich ein Drittel Estlands versprochen worden[3]), es lag ihm vor Allem daran, sein Gebiet nicht geschmälert zu sehen. Desswegen begann er durch seinen Gesandten Rudolf von Wenden mit den Dänen, welche jetzt als Herren von ganz Estland auftraten, Verhandlungen: Sackala und Ugaunien erhielt er als das ihm gebührende Drittel abgetreten,

---

[1]) Ann. Stad. a. a. 1220 Rex Danorum iterum in Estoniam pergens, revertitur. — Ann. Lundenses in Nordalb. Stud. V. ed. Waitz a. a. 1220 Rex Waldemarus secundo ivit in Estoniam.
[2]) Heinr. XXIV, 2 Rex Daciae contra Episcopum Rigensem quodammodo commotus, ad praesentiam tamen suam ipsum cum Fratribus Militiae vocavit.
[3]) Heinr. XX, 4.

dafür sollte das übrige Estland an den König fallen, die Bischöfe Albert und Hermann aber von jedem Besitz in demselben ausgeschlossen sein[1]). — Der Orden verrieth hiermit die Prälaten, deren Ansprüche auf Estland unzweifelhaft waren. Uebrigens konnten nur so lange als die Dänen in ihren Bezirken unangefochten blieben, ihnen gegenüber Sackala und Ugaunien den Rittern als sicher gelten. Waldemar aber trennte und schwächte seine Feinde, als er einen Theil ihrer Kräfte an die Interessen seiner Colonie band, indem er als Einsatz opferte, was doch nicht zu erringen war; denn jene beiden Landschaften galten als Besitz des Ordens, selbst wenn Bischof Albert ganz Estland den Dänen abgetreten hatte, so erschien doch jede Hoffnung, diese von den Deutschen wiederholt erworbenen Gebiete gewinnen und behaupten zu können, eitel.

Die äusserste Gefahr, welche das Uebereinkommen in sich schloss, und das entschiedene Unrecht, welches den bischöflichen Brüdern durch dasselbe angethan wurde, erregte in Riga den grössten Unwillen. Bischof Bernhard von Semgallen musste schon als Stellvertreter Alberts dessen Interessen wahren. Da nur Selbstsucht den Orden geleitet hatte, so konnte man hoffen, dass er wieder zu gewinnen war, sobald man ihm den gleichen Vortheil bot, welchen er eben errungen, zumal ein Bündniss mit den Rigischen wie natürlicher, in demselben Maasse ihrer grössern Kraft wegen auch vortheilhafter war. So bewog Bischof Bernhard den Orden zu neuen Unterhandlungen, es wurde ihm sein Drittel Estlands nun von deutscher Seite zugesichert, doch wie bisher sollten auch für die Zukunft den beiden Bischöfen die ihnen zukommenden Gebiete in Estland unangefochten bleiben[2]), ihre Rechtstitel wurden geschützt,

---

[1]) Heinr. XXIV, 2 dedit eis Rex Sackalam et Ugauniam jam dudum a Rigensibus subjugatam et baptizatam, cum adjacentibus provinciis, pro sua tertia parte Estoniae, excluso Livoniensi Episcopo cum fratre suo Hermanno, noviter consecrato.

[2]) Heinr. XXIV, 2 Et pervenit in Rigam verbum hoc, et graviter accepit hoc Bernhardus Episcopus cum ceteris Rigensibus et convenerunt cum

eine Limitation Estlands aber noch nicht durchgeführt. Der Orden ging auch hierauf ein, er wird sich des Gegensatzes zu den Dänen wol bewusst gewesen sein, fürchtete aber den möglichen Conflict nicht zu sehr, denn da der König wol schon abgereist war, so konnte man hoffen, mit vereinten Kräften zu widerstehen. Allein auch nur die Ansprüche suchten die Deutschen zu wahren, die Gebiete, welche als deutscher Besitz gelten sollten, auch sich zu erhalten, wagten sie nicht, hinderten daher auch die Dänen nicht gegen Süden vorzugehen. Offenbar scheute man noch einen Zusammenstoss der christlichen Waffen. Die Gegner aber machten es sich höchst bequem: nach der Taufe der revelschen Landschaft wurden auch die Harrier bekehrt, und dann angestachelt, Jerwen so lange zu verwüsten, bis dieses das Joch der Dänen annehme. Zur Plünderung der benachbarten Gebiete waren die estnischen Völkerschaften immer bereit, in neun Zügen wurden die Stammgenossen von den Harriern zum Wechsel der Herrschaft gezwungen. Sommer 1220. Das seit 1218 den Deutschen unterthänige Jerwen ging ihnen verloren. Als die Dänen das Schicksal dieser Landschaft den Wirländern androhten, und als dieselben sahen, dass die Deutschen nichts thaten, Jerwen in ihrer Botmässigkeit zu erhalten, wurden auch sie dänisch. — Damit war im Lauf des Sommer 1220 die dänische Grenze bis ans Ordensland vorgeschoben, Erzbischof Andreas hielt das Gebiet für so gross, dass er in Jerwen und Wirland einen besonderen Bischof Ostrad einsetzte, während Revel und Harrien den Sprengel Wescelins bildeten[1]).

Das deutsche Uebergewicht schwand in Nordestland völlig, als nun gar in demselben Sommer der westliche Theil, die Wiek, von den Schweden besetzt wurde. Freilich nur eine vorübergehende

---

Fratribus Militiae, statuentes amice trifarium Estoniae divisionem, et Episcopis sicut hactenus, sic et deinceps suas partes attribuentes, Fratribus suam tertiam reliquerunt.

[1]) Heinr. XXIV, 2. Ueber Ostrad cfr. pag. 20 Anm. 1. Der Name ist nur bei Albericus erhalten. — Livl. U. B. CXLVI.

Eroberung, denn rasch, August 1220, fielen die Oeseler über diese junge Ansiedlung her und vertilgten sie[1]). Nun aber drangen die Dänen hier ein und suchten die Landschaft unter ihr Joch zu bringen, die Herrschaft der Deutschen, welche bisher unangefochten in dieser Gegend bestanden hatte, wurde dadurch auch hier stark erschüttert.

Und immer mehr wichen sie zurück. Zwar konnten noch im Herbst 1220 die deutschen Priester Heinrich und Theodorich in Jerwen und den benachbarten Gebieten missioniren, ohne von den Dänen behindert zu werden; als aber Theodorich sich unter seinen Neophyten ganz niederlassen wollte, wurde er von den Dänen ausgeplündert und heimgesandt. Aehnlich erging es dem rigischen Priester Salomon, welcher nach dem Untergang der Schweden in der Wiek taufen und Zins erheben wollte; die Eingeborenen zwar versprachen nur die rigische, nie die dänische Taufe anzunehmen, sammelten und überlieferten dem Missionar den Tribut, da aber kamen die Dänen, nahmen ihm Alles ab und schickten auch ihn ausgeplündert nach Livland[2]). — Gegen das Ende des Jahres 1220 galt ganz Estland als christlich, die Dänen beanspruchten dasselbe ausser den Ordenslandschaften für sich, die Deutschen verharrten im passiven Widerstand.

War der königliche Statthalter Erzbischof Andreas bemüht, die Grenzen, welche er für sich als geltend betrachtete, auch den Deutschen als die einzig maassgebenden aufzuzwingen, so ging der König noch weiter und suchte die deutsche Colonie dahin zu drängen, sich vollständig in seine Arme zu werfen.

Sobald Bischof Albert in Lübeck landete, fühlte er die Feindschaft Waldemars. Einer drohenden Gefangenschaft konnte er sich nur durch heimliche Flucht entziehen, er eilte mit Hülfe treuer Freunde aus der Stadt fort, in Rom hoffte er beim Papst Beistand

---

[1]) Heinr. XXIV, 3.
[2]) Heinr. XXIV, 6a.

zu finden. Aber an der Curie erschienen dänische Gesandte, um dem Bischof entgegenzuarbeiten. Mitleidig und väterlich hörte Honorius dessen Klagen an, allein weiter that er nichts für ihn, nicht einmal ein Mahnschreiben an den König erhielt der Livländer, Honorius hatte für die Bekehrung des Nordosten lange nicht das Interesse, welches sein grosser Vorgänger besass[1]). Dagegen wirkten sich in diesen Tagen die Dänen eine Bulle vom 16. November 1220 aus, durch welche der heilige Vater, wie das auch unter Alexander III. und Innocenz III. geschehen sei, das dänische Reich gegen die Angriffe aller Feinde und Nachbaren in Schutz nahm[2]); die Anerkennung der neuesten Erwerbungen in Estland als dänischer Besitz konnte als darin eingeschlossen gelten.

Es spielten diese Verhandlungen in jenen Novembertagen 1220, in welchen Friedrich II. zum Kaiser gekrönt wurde. An diesen, welcher sich noch in Unteritalien aufhielt, wandte sich bittflehend der rigische Bischof. Gegen Dänen, Russen und Heiden suchte er Hilfe für seine Colonie, welche ja auch ein Theil des Reiches sei und immer zu demselben gestanden habe. Allein andere und ihm wichtigere Dinge nahmen den Staufer völlig in Anspruch, besonders sein gelobter Kreuzzug, so erwuchs Albert auch aus diesem Besuch nur der kaiserliche Rath, mit Russen und Dänen Frieden zu halten, bis die junge Gründung festere Wurzel geschlagen habe[3]). Die Rücksicht auf Dänemark spielte auch hier entschieden mit.

Das geistliche und weltliche Oberhaupt der Christenheit hatten den Bischof fallen lassen, mit schwerem Herzen wol traf er in Deutschland ein, Winter 1220/21; auch diesseit der Alpen tönte es

---

[1]) Zu Anfang desselben Jahres 1220 hatte der Papst die für preussische Kreuzfahrer ertheilten Indulgenzen zurückgezogen, damit alle Kräfte zur Wiedergewinnung des heiligen Landes concentrirt würden. Rethwisch, Die Berufung des deutschen Ordens. pag. 15. Anm. 2.

[2]) Reg. dipl. dan. 669.

[3]) Heinr. XXIV, 4 monens eum tamen et docens verbum pacis et amicitiae tam cum Danis quam cum Ruthenis habere, donec novellae plantationi firmum postmodum superaedificaretur aedificium.

ihm entgegen, Frieden zu schliessen, den mächtigen Dänenkönig fürchteten Alle. Dieser hatte, um den Bischof zum Aeussersten zu zwingen, wieder sein sicher wirkendes Mittel in Anwendung gebracht: nur vorübergehend war einmal im Beginn des Jahres 1220 Lübeck zur Ueberfahrt frei gewesen, jetzt verbot der König von Neuem, den Pilgrimen Schiffe nach Livland zu stellen, bis er den Bischof gezwungen seinen Wünschen zu willfahren[1]). Albert selbst wurde jetzt persönlich von diesem Befehl getroffen, und doch war seine Anwesenheit daheim so überaus nothwendig, denn die zweideutige Stellung des Ordens musste lähmend auf die Entwicklung der deutschen Interessen wirken; vielleicht kannte der Bischof nur den schmählichen ersten Vertrag mit dem Könige und hatte von dem zweiten, nach seiner Abreise geschlossenen, welcher jenen früheren kraftlos gemacht, noch gar keine Kunde.

Viel schwerer als 1218 wider Heiden und Russen war jetzt die Lage des livländischen Bischofs gegenüber dem dänischen Könige. Völlig machtlos stand er da. Solchem Druck unterlag er, „es däuchte ihn auf guter Männer Rath vortheilhafter, den König von Dänemark anzugehen, als dass die livländische Kirche arge Gefahr liefe[2])."

Wie drei Jahre früher begab er sich in Begleitung des Estenbischofs — jetzt war es sein Bruder Hermann — zum Dänenkönige. Ueber die Unterhandlungen sind wir leider wieder nicht unterrichtet, doch erfahren wir das Resultat: der König durch den Erfolg verlockt, forderte immer mehr; ganz Estland hatte der Bischof geglaubt ihm nicht geben zu können, nun gingen die dänischen Ansprüche weiter als je früher, nicht nur Estland auch Livland verlangte Waldemar. Der schwerbedrängte Prälat fügte sich, sowol Livland als Estland überlieferte er in die Gewalt des Königs, doch sollte dieses Zugeständniss

---

[1]) Heinrich XXIV, 4 Prohibebat enim Rex Daciae Lubicensibus, [subditis suis], naves peregrinis in Livoniam praestare donec Episcopum ad suum emolliret consensum.

[2]) Heinr. XXIV, 4.

nur gelten, wenn die Prälaten seiner Convente, seine Mannen, alle Bewohner Rigas, die Liven und Letten einstimmten[1]), nur dann sollte die deutsche Colonie in Livland dänischer Besitz werden. Für diese weitgehende Nachgiebigkeit gestattete der König dem Bischof Albert und den versammelten Pilgern die Ueberfahrt. Ende März 1221[2]). Spätestens jetzt wird auch Bischof Hermann dem Könige die Huldigung für Estland angeboten haben, damit er gleichfalls absegeln könne. Er wurde abgewiesen[3]).

Wäre dieser Vertrag zwischen dem Könige und dem livländischen Bischofe im Sinne des Ersteren durchgeführt worden, dann hätte die dänische Colonie über ihre Nebenbuhlerin völlig triumphirt. Allein diese glücklichen Erfolge zu erringen, war sie in sich selbst lange nicht stark genug; von einer Seite, von welcher aus sie es wol kaum erwartete, wurde ihr jetzt die eigene, grosse Ohnmacht plötzlich ins Bewusstsein gerufen.

Kein estnischer Stamm war den Dänen in gleichem Maasse feindlich gesinnt als die Oeseler. Hatte die dänische Niederlassung an der estnischen Küste Bestand, so war das Eiland isolirt, daher der grosse Hass. Bereits gleich nach der ersten Gründung der dänischen Colonie hatten die Oeseler im Winter 1219/20 daran gedacht,

---

[1]) Heinr. XXIV, 4 Antistes cum fratre suo Hermanno Episcopo Regem Daciae praefatum adivit, et tam Livoniam quam Estoniam in potestatem ipsius commisit, ita tamen, si Praelati conventuum suorum nec non et viri sui et Rigenses omnes cum Livonibus et Letthis in hanc formam consensum suum praeberent. — Bonnell, Chronogr. pag. 38. — Hildebrand pag. 118 meint „mindestens den Widerspruch aller Livländer, also auch den des zu ihm stehenden Ordens" muss der König für die Ungültigkeitserklärung gefordert haben. Aber mit der hier citirten Stelle stimmt XXV, 1 überein, wo der Widerspruch erhoben wird, und beide Stellen nennen den Orden nicht; die Bedingung ist doch entschieden vom Bischof in den Vertrag gebracht, damit derselbe durch sie hinfällig werde, und da wird er den unsichern Orden fortgelassen haben. Die Einwilligung desselben hätte dem König beim Widerspruch aller übrigen auch wenig geholfen. — cfr. Hansen, Verhdl. d. est. Ges. II, 3. 23.

[2]) Usinger pag. 206. Pabst, XXIV, 4. Anm. 15.

[3]) Heinr. XXIII, 11.

gegen die Dänenburg zu ziehen, das Loos aber hatte für Jerwen entschieden. Im darauffolgenden Sommer 1220 hatten sie dann die ihnen noch nähere und gefährlichere schwedische Niederlassung in der Wiek völlig vernichtet. Jetzt im April 1221 erschienen sie zahlreich mit ihrer Flotte und belagerten die Dänenburg. Der Anlass genügte zum Abfall der Festlandsesten, an die Oeseler schlossen sich die Reveler, Harrier, Wirländer; nur mit grosser Mühe erwehrte sich Erzbischof Andreas der Feinde zwei Wochen lang, Ausfälle der Belagerten wurden von den Esten abgeschlagen, die Christen in die Feste zurückgetrieben. Da rettete eine zufällig auf dem Meere erscheinende Flotte von vier Schiffen die Bedrängten, die Oeseler fürchteten, es sei König Waldemar, eilten rasch zu ihren Schiffen, und segelten von dannen. So wurde die Burg frei. Schwer mussten die abgefallenen Landschaften ihre Untreue büssen, die Aeltesten wurden aufgeknüpft und ein doppelter und dreifacher Zins den Gebieten auferlegt. Der Hass der Niedergeworfenen stieg in demselben Maasse wie der Druck[1]).

Bald nach diesen letzten Vorgängen traf im Frühling 1221 Bischof Albert mit wenigen Pilgern in Livland ein. Er selbst überbrachte die Botschaft seines letzten Vertrages mit dem Könige. Da jedoch erhob sich in Riga einstimmiger Widerspruch Aller, als sie das Geschehene vernahmen: die Prälaten und bischöflichen Mannen, die Bürger und die Kaufleute, die Letten und die Liven erklärten, zu Ehren der heiligen Jungfrau hätten sie die Kämpfe bestanden, nicht für den dänischen König, eher wollten sie das Land verlassen als dem dienen. — Von dieser Stimmung vernahm der Erzbischof Andreas in seiner Feste, die Belagerung der Oeseler hatte ihn gelehrt, dass die Kräfte seiner Colonie allein gegenüber den Angriffen ihrer Feinde nicht ausreichten, dass sie vielmehr nothwendig einer nahen Hilfe bedürfe. Trat jetzt ein offenes Zerwürfniss zwischen den Livländern

---

[1]) Heinr. XXIV, 7. Ann. Lundenses in Nordalb. Studien V. a. a. 1221 Urbs Revale obsessa est primo.

und seinem Könige ein, so war er in seiner schwierigen Lage
doppelt gefährdet. Desswegen sandte er nach Riga „und versprach Livland zur vormaligen Freiheit zurückzuführen." Bischof
Albert und Meister Volquin begaben sich dann zu ihm. Freundlich
empfing er sie, beschenkte sie und versprach ihnen, mit aller Kraft
dahin zu streben, dass Livland von der dänischen Oberhoheit wieder
völlig frei werde; nur verlangte er dafür ein Schutz- und Trutzbündniss gegen Heiden und Russen. Gern gingen die Deutschen
darauf ein. Wie schon im Sommer vorher erhielt der Orden Sackala
und Ugaunien mit allen weltlichen Rechten zugewiesen, kirchlich
jedoch sollten diese Bezirke unter dem Bischof von Riga stehen[1]).

— Das übrige Estland wird jetzt von Bischof Albert den Dänen
zugestanden sein, sie besassen so Revel, Harrien mit Warbola, Jerwen, Wirland; ob auch über die Wiek zu ihren Gunsten entschieden
wurde, kann fraglich erscheinen, ich glaube es kaum.

Diese allgemeine Abneigung gegen die dänische Herrschaft, gestützt auf den eben geschlossenen Vertrag, traf dann in ihrer ganzen
Schwere den dänischen Bevollmächtigten, einen Ritter Gottschalk,
welcher nach Riga gesandt war, die Vogtei der Stadt im Namen
und Auftrag des Königs an sich zu nehmen.

Es war 1221, wol im Sommer. Schon auf der Hinreise gab man
ihm in Gotland, als man sein Vorhaben erfuhr, keinen Führer, denn
auch hier musste es gefahrdrohend erscheinen, wenn der Dänenkönig
im Westen und Osten der Insel zugleich gebot, dazu war Riga durch
gemeinsame Handelsinteressen mit Gotland eng verbunden, hatte
auch von dort sein Recht entlehnt. Als Gottschalk in Riga ankam,
erkannte er die Unmöglichkeit hier seines Amtes zu warten, denn
es „sprachen Alle wider ihn in ganz Livland, sowol die Liven und
Letten als auch die Deutschen." Er wollte heimkehren, doch hatte
sich der Hass so sehr gegen ihn gesteigert, „dass sogar die Kaufleute ihm einen Lotsen für sein Schiff verweigerten." Ohne einen

---

[1]) Heinr. XXV, 1.

solchen musste er „mit Schanden" von Livland abziehen, nach gefahrvoller Reise langte er in der Heimath an, der königlichen Vogtei entsagte er für die Zukunft[1].

Dieser Erfolg gegenüber dem mächtigen Feinde belebte den Muth der Deutschen wieder: in einen triumphirenden Lobgesang auf die heilige Jungfrau, welche ihr Land vor allen Feinden immer schütze, bricht der Chronist aus, als er mit dem dänischen Boten die grösste Gefahr abgewandt glaubte. Man richtete sich auf und suchte sich gegenseitig zu stärken.

Trotz des Versprechens, welches Erzbischof Andreas gegeben, und obgleich der königliche Bevollmächtigte abgezogen war, fühlten

---

[1] Heinr. XXV, 2. Hildebrand pag. 117 sagt über den Vertrag Alberts mit dem Könige: „bei Estland war es vollständige Ueberweisung, ein Verzicht auf alle Ansprüche, . . . bei Livland . . . ist, wie spätere Ereignisse zeigen, die drückende Schutzvogtei angestrebt worden." — Ich habe hiegegen manche Bedenken. Zunächst der Gleichlaut und die scharfe Fassung XXIV, 4 tam Livoniam quam Estoniam in potestatem ipsius (sc. regis) commisit als Resultat der Verhandlung; und XXV, 1 tradita esset non tantum Estonia verum etiam Livonia in potestatem Regis als Bericht des Bischofs. — Dann heisst es vom Könige XXVI, 2 locutus est eis super donatione illa, qua donata est ei Livonia, und dass dieses geschehen, streitet der Bischof nicht an; nach XXIII, 10 Volquinus donationem Estoniae Regi Daciae se firmiter allegans ignorare, ist donatio = Schenkung mit Verzicht auf weitere Rechte, dasselbe wird man auch für Livland aus obiger Stelle folgern können. — Der geehrte Verfasser stützt sich auf XXV, 2 venit miles quidam Godeschalcus, Regis Daniae nuncius, in Rigam, missus praeoccupare civitatis ipsius advocatiam ad manum Regis. Offenbar soll hier die Vogtei der Stadt als etwas ganz besonders Wichtiges zuerst gesichert werden, und sie war es allerdings, denn der advocatus civitatis war damals noch der einzige höhere Beamte der Stadt, und wurde bis 1225 vom Bischof ernannt (Winkelmann, Mitth. XI, 333); verzichtete er auf Livland, so auch auf dieses Recht, und dasselbe wird also nicht vorzugsweise die Form sein, in welcher die potestas Regis geübt werden soll, sondern die Folge, dass sie erworben war. Und da diese Stelle den Auftrag, welcher Gottschalk gegeben wurde und der sich nur auf die Stadt Riga bezieht, so präcis fasst, so wird sie auch zur Erklärung des Folgenden dienen: idem Miles expulsus a Livonia rediit in Daniam abrenuncians deinceps in terra beatae Virginis Mariae regalem advocatiam. — Die potestas ist versprochen, als donatio fasst sie der König, das scheint mir mehr zu sein, denn Schutzvogtei.

sich die Bürger Rigas, die Kaufleute[1]), die Liven und Letten vor ähnlichen Anfechtungen nicht sicher. Namentlich die Stadt mochte sich für besonders bedroht erachten, da Gottschalk mit der Vogtei die volle Gerichtsbarkeit über sie an sich nehmen sollte, denn ausser dem Vogt hatte Riga damals noch keinen höhern städtischen Beamten. Sie schloss daher im livischen Thoreida mit den Letten und Liven einen Bund „sowol wider den König von Dänemark als wider alle ihre Gegner." Nicht zum wenigsten wird unter letzteren der Orden zu verstehen sein, dessen Politik in jüngster Zeit soviel Anstoss auf deutscher Seite erregt hatte. Aber er sprengte diese „Eidgenossenschaft", einige Aelteste der Liven wurden gefangen, und büssten ihr Vorgehen in den Verliessen der Ordensburg Sygewalde. Damit war die Bewegung unterdrückt[2]).

Wol noch im Laufe dieses Sommers 1221 verliess Erzbischof Andreas, schon lange am Aussatz schwer leidend, die dänische Colonie[3]). Die hier Zurückbleibenden wahrten ängstlich ihre Rechte gegenüber den Deutschen. Besonders die Wick war strittiges Gebiet, als rigische Kaufleute im Beginn des Winters 1221 hier ihrem Gewerbe nachgingen, wurden sie von den Dänen gebunden und in die revelsche Burg geführt: denn das Land gehöre dem Könige Waldemar[4]). Eine Botschaft, welche Bischof Albert und Meister

---

[1]) cives Rigenses cum mercatoribus Heinr. XXV, 3. Erstere schliessen letztere nicht ein. cfr. Winkelmann Mitth. XI, 340.

[2]) Heinr. XXV, 3. Der Bericht verschweigt mehr als er sagt. Hildebrand pag. 120.

[3]) Am 27. Mai 1222 willigt Honorius bedingungsweise in den nachgesuchten Rücktritt des Erzbischofs, Suhm, Historie af Danmark IX, 756. Jedenfalls früher als er von diesem Schreiben Kenntniss erhielt, war Andreas aus Estland fortgefahren, denn am 16. Juni 1222 ist er in Dänemark, Reg. dipl. dan. I, 679. Da die Bitte wol nur mit Billigung des Königs nach Rom gegangen sein wird, und der schwerleidende Prälat im Winter die Seereise kaum machte, so werden wir annehmen, dass er bereits 1221 hinübergefahren ist. Ueber seinen Nachfolger als Statthalter Bischof Tuvo v. Ripen cfr. Excurs I.; über seine Krankheit spricht P. E. Müller, Vita Andreae Sunonis. 1830. pag. 28.

[4]) Heinr. XXV, 5 dicentes, terram esse Regis Danorum.

Volquin absandten, vermochte sie nicht zu lösen. Erst als gemeldet wurde, ein deutsches Heer bewege sich nach Norden, gaben die Dänen den Gefangenen rasch die Freiheit, zu einem offenen Bruch mit den Deutschen wollten sie es nicht kommen lassen. Diese aber wandten sich nicht gegen die Dänen, sondern zogen nach Russland und plünderten hier.

Der Andreassche Vertrag von 1221 befand sich noch immer in der Schwebe, da König Waldemar ihn noch nicht bestätigt hatte. Den Widerstand der Livländer gegen seine Herrschaft wird er von Gottschalk erfahren, Erzbischof Andreas ihm dann erzählt haben, dass die Feindschaft der Oeseler ihn bewogen, den Deutschen günstigere Bedingungen zu versprechen. — Dieses wilde Inselvolk zu zähmen, erschien der König 1222 wol im Sommer[1]) zum zweiten Male auf Oesel, mit ihm sein treuer Neffe Graf Albert v. Holstein. Als Ausgangspunct einer dauernden Niederlassung wurde der Bau eines festen Steinschlosses begonnen, mit Hilfe der deutschen Truppen des Grafen der Widerstand der Heiden gebrochen. — Gelang es dem Könige Oesel endgültig zu unterwerfen, dann beherrschte er mit dem Eingang zum Meerbusen von Riga die Stadt und ihr Hinterland. Man wird hier die drohende Gefahr erkannt haben: vermochte man nicht das Unternehmen auf Oesel zu hindern, und das war nicht wol möglich, so musste die Freiheit Livlands vom Könige gewährleistet werden, oder die Selbstständigkeit wurde erstickt.

Die Stimme des Landes hatte Waldemar bei seinen letzten Verhandlungen mit dem Bischofe wachgerufen, jetzt sollte er sie vernehmen. Es erscheinen bei ihm auf Oesel Bischof Albert, Meister Volquin mit mehreren Rittern, Abgeordnete der Liven und andere,

---

[1]) Heinr. XXVI, 2. Usinger pag. 210 meint im Januar oder Februar; das ist nicht möglich, da der Bericht dann noch Heinr. XXV. stehen müsste. Die „chronologische Einordnung" spricht durchaus nicht gegen einen Sommer- oder Herbstzug, das nächste fixirte Datum ist XXVI, 5: Januar 1223. cfr. Bonnell, Chronogr. Commentar. pag. 64. Bulletin XI, 117 und ibid. Kunik pag. 135. — Den Zug erwähnen auch Ann. Stad. a. a. 1222.

welche „hergeschickt waren von Livland zum Könige von Dänemark nach Oesel." Dieser zeigte sich über ihre Ankunft hocherfreut und erwähnte des Vertrages, durch welchen ihm Bischof Albert im verflossenen Jahre Livland geschenkt hätte. Da aber erfuhr Waldemar den Widerspruch aller Classen der livländischen Bevölkerung: die Erschienenen standen wider ihn und die Nichtanwesenden redeten durch ihre Bevollmächtigten, welche „einmüthig, wie sie von allen Bewohnern Livlands angewiesen waren, widersprachen." Doch nicht sogleich gab der König nach, er berieth sich mit seinen anwesenden Grossen. Was schliesslich entschied, vermögen wir nicht zu erkennen, ob die Einstimmigkeit der Opposition oder die offene Unmöglichkeit das erzwungene Zugeständniss des Bischofs zu verwirklichen, ob die Nothwendigkeit deutscher Hilfe für seine Gründung oder das Versprechen seines Primas; wol alles zusammen bewog den Dänenherrscher zur Anerkennung und Bestätigung des Geschehenen. Er schloss einen neuen Vertrag im Wesentlichen so, wie ihn Andreas zu erwirken in Aussicht gestellt: Livland nebst Allem, was dazu gehörte, erhielt der Bischof Albert zu völlig freiem Besitz; Sackala und Ugaunien kamen unter die weltliche Herrschaft des Ordens, die geistliche des Bischofs von Riga. Wichtig war auch dem Könige das Bündniss mit den Deutschen, daher fügte er zu den Bestimmungen über die Grenzen hinzu, dass die Ritter ihm beständige Treue erweisen sollten, indem sie den Seinen ihre Hilfe wider Russen und Heiden gewähren. „Und sie versprachen sowol ihm als den Seinen immerdar getreue Hilfe[1]."

So war das Abhängigkeitsverhältniss zwischen König Waldemar

---

[1] Heinr. XXVI, 2 adjiciens, ut sibi perpetuam fidelitatem praestarent, et tam contra Ruthenos, quam contra paganos auxilium suum non denegarent. Et promiserunt tam sibi, quam suis fidele semper auxilium. Ein Abhängigkeits- oder gar Lehnsverhältniss folgere ich hieraus nicht, denn hält man wirklich fidelitas für etwas wesentlich Verschiedenes von fidele semper auxilium, so hat der König jenes verlangt, der Orden aber nur dieses versprochen. Cave putes, Livoniam hoc pacto Danis obnoxiam factam, sagt schon Gruber zu dieser Stelle, und „Kriegshülfe oder Kriegsdienst ist noch

und Bischof Albert gelöst, dieser und Livland wieder frei¹). Der Orden brauchte für seine Landschaften die Ansprüche der Bischöfe nicht zu fürchten, das ganze übrige Estland wurde natürlich dänisch, auf Oesel hatte der König durch seine Burg Rechte erworben. Rasch wurden die Mauern derselben soweit aufgeführt, dass sie hinreichenden Schutz gegen Angriffe der Feinde zu bieten schienen, dänische Mannen weigerten sich jetzt nicht wie einst 1206 die Feste nach Abfahrt des Königs zu vertheidigen. Als Zeichen des neuen Bündnisses blieben Theodorich, Bischof Alberts Bruder, sowie einige Ordensmitglieder auf Bitten des Königs in der Burg. Bevor noch dieselbe im Innern ausgebaut war, segelte Waldemar heim.

Den Höhepunct der dänischen Herrschaft im Osten bezeichnet dieser Vertrag von Oesel 1222.

---

etwas wesentlich Anderes als Vassallität." Waitz, Gött. gel. Anz. 1858. pag. 1781. — cfr. Usinger pag. 212. Hildebr. pag. 122. Anm. 2. Hansen, Verh. II, 3. 25. Büttner, Mitth. XI, pag. 56. Anm. 2.

¹) Hiermit wird „die allerdings auffällige Wiederholung der Investitur", welche der Bischof vom deutschen Reich empfing, und die Winkelmann Mitth. XI, 315 „nicht erklären zu können" gesteht, in Verbindung zu setzen sein. 1207 war Albert deutscher Reichsfürst geworden, 1221 März zum Könige von Dänemark in Abhängigkeit gerathen, jetzt wird er frei und erneuert, zumal die folgenden Jahre einen völligen Umschlag der Machtverhältnisse herbeiführen, seine Beziehungen zu Deutschland, indem er sich von König Heinrich 1225 December 1. wieder belehnen und zum deutschen Reichsfürsten ernennen lässt.

IV.

DER AUFSTAND DER ESTEN UND DIE GEFANGEN-SCHAFT DES KÖNIGS.

Den Widerstand der Oeseler hatte der König fürs Erste gebrochen. Aber nicht so leicht und rasch war ein gleich kriegsgewöhntes Volk besiegt, die Bedeutung der neuen Zwingburg erkannte es sehr wol. Mit dem Absegeln des Königs war das Zeichen zum erneuten Kampf gegeben. Aus allen Dörfern und Bezirken der Insel sammelten sich sofort die Bewohner, das Schloss zu belagern, zu den Strandesten der Wiek wurden Boten um Hilfe gesandt, zu den Warbolern begaben sich andere, betrachteten dort eine Patherelle, welche die Dänen der revelschen Feste diesen ihren Untergebenen geschenkt, kehrten zurück und erbauten siebzehn ähnliche Maschinen, mit welchen sie fünf Tage lang Steine in die neue Burg warfen. Die Belagerten aber hatten, da im Innern Gebäude noch nicht aufgeführt waren, keinen Zufluchtsort und litten daher grossen Schaden; als die Heiden ihnen freien Abzug zusicherten, capitulirten sie. Sieben Dänen und Theodorich, Bischof Alberts Bruder, blieben als Geisseln in den Händen der Oeseler, die andern| alle| durften ungehindert in die revelsche Dänenfeste abziehen. 1222, etwa im Spätsommer [1]).

Das war der erste Rückschlag, welchen die Dänen empfingen,

---

[1]) Heinr. XXVI, 3. — Ann. Stad. a. a. 1222.

aber es wurde noch mehr, das Zeichen zum allgemeinen Aufstand aller Esten. Die übergebene Dänenburg zerstörten die Oeseler bis auf den Grund, dann sandten sie die Nachricht ihrer Erfolge den Stammgenossen auf dem Festlande: das Schloss des dänischen Königs hätten sie erobert, die Christen aus den Grenzen ihrer Insel getrieben. Sie riefen jetzt alle Esten auf, das Joch der Dänen und des Christenthums abzuwerfen, die alte Freiheit wieder zu erringen; die Dänenburg in Revel zu erobern wäre ein Leichtes. Und sie fanden Anklang. So brach der grosse Aufstand aus, Ende 1222 [1]).

An die Oeseler schlossen sich zunächst die Harrier, mit den Strandesten der Wiek vereint besetzten sie die Burg Warbola, tödteten dort einen Theil der dänischen Besatzung und den dänischen Priester. Hierauf eilten Boten nach Wirland, damit auch dieses sich anschlösse. Aber die Wirländer und Jerwier, „da sie einfältige Menschen sind und demüthiger denn die andern Esten", ermordeten ihre Priester nicht, sondern sandten sie unversehrt in die revelsche Burg zurück, die Landschaften selbst aber traten dem Aufstand bei, wenngleich sich noch eine kurze Zeit in Jerwen ein dänischer Vogt behauptete [2]).

Als dritte Landschaft stellte sich zu den Oeselern und Harriern an die Spitze des Aufstandes Sackala. Damit ging die Empörung auf deutsche Herrschaft über. In der Ordensburg Fellin wurden am 29. Januar 1223 an einem Sonntage zur Zeit der Messe die ausserhalb der Kirche befindlichen Deutschen niedergemacht, dann fiel der Ordensvogt Moritz, als er aus der Kirche hervortrat, der Volkswuth zum Opfer, die andern Ritter wurden eingekerkert, die Pferde und übrige Habe der Deutschen theilten die Esten unter sich. — Ein Theil der Sackaler begab sich darauf zur Ordensburg an der Pala, auch dort den Aufstand anzufachen; ein anderer

---

[1]) Heinr. XXVI, 4.
[2]) Heinr. XXVI, 4.

zog nach Jerwen, vernichtete hier den Rest der dänischen Herrschaft, indem er sich auf den Vogt Hebbe und die andern Dänen, welche sich noch gehalten hatten, warf; alle, besonders aber der Vogt, wurden grausig zu Tode gequält[1]). Die Vogtei war den Eingeborenen das verhassteste Institut, welches entschieden oft genug zu den härtesten Bedrückungen benutzt wurde[2]).

Ihre blutigen Schwerter schickten die Aeltesten der Sackaler als Zeichen des Triumphes nach Odempä und Dorpat, sofort brach auch dort der Aufstand aus: der Ordensvogt Johannes, die Ordensknechte, mehrere Kaufleute wurden getödtet, die Ritter aber auch hier wie in Sackala nur gefesselt, man hob sie zu andern Zwecken auf. Der Ordensbesitz galt als gute Beute.

So hatte der erste Sturm die Fremdherrschaft fortgefegt, in ganz Estland gab es nur noch einen christlichen Punct, die einsame

---

[1]) Heinr. XXVI, 6 Sackalenses abierunt in Gerwam, et comprehendentes ibidem Hebbum, Danum, qui erat Advocatus eorum, cum ceteris Danis reduxerunt eum in castrum suum, et crudeli martyrio cruciaverunt eum. Usinger, pag. 212, auch Hildebrand pag. 122. Anmerkung 2 halten Hebbe für einen dänischen Vogt in Sackala; Usinger ist geneigt, daraus für dieses und dann consequent auch für Ugaunien dänische Vogtei zu folgern; soweit geht Hildebrand nicht, er macht mit Recht auf XXV, 5 erant procurantes advocatias aufmerksam, doch ist auch ihm Hebbe dänischer Vogt in Sackala. Mir gilt, wie auch Pabst XXVI, 6. Anm. 2 annimmt, Hebbe als dänischer Vogt in Jerwen; der Gebrauch des Pronomens dritter Person ist im Heinr. sehr schwankend (Hild. pag. 45), dann aber treffen wir wie in Sackala so auch in Ugaunien gemäss XXV, 5 Ordensvögte, dort Mauritius, hier Johannes, XXVI, 5. 7, das fuerat steht an beiden Stellen = erat, wie sehr oft im Heinr. cfr. Hild. pag. 45.

[2]) Heinr XI, 4; XXV, 2 beziehe ich auf diese Ereignisse. Rayn. ann. eccles. 1222. §. 40 Tum graviter in Templarios invehitur (Lib. 6. Ep. 218 und 220) qui Livones recenter ad Christum traductos ... magno cum eorum offensione vexarent et iniqua alia perpetrarent. Raynald hat also zwei Bullen darüber gekannt, wir haben dieselben nicht; aber aus Livl. U. B. LV lässt sich die Chronologie bestimmen; denn diese Bulle steht in Ep. Greg. Lib. 6. Ep. 221, folglich sind die beiden andern 218 und 220 von demselben Tage oder wenig früher. Auch das undatirte Livl. U. B. LIV, welches Rayn. l. c. Ep. 210 anführt, wird demnach noch in den Februar des Jahres zu setzen sein. — Die Nummern der Briefe bei Raynald sind nicht in dem Maasse bisher ausgenutzt worden, wie das geschehen kann.

Dänenburg im Norden. Aber ungleich schwerer als das christliche Joch abzuschütteln, war der zweite Theil der Aufgabe, die errungene Stellung zu behaupten, denn dass die Christen die Unterwerfung von Neuem versuchen würden, war klar. Die Esten riefen, um sich zu verstärken, die Russen aus Pleskau und Novgorod zu Hilfe, theilten mit ihnen die gewonnene Beute, übergaben ihnen Dorpat, Fellin und andere Burgen, welche sie aufs Beste ausrüsteten, zur Vertheidigung, bereiteten sich auch selbst zum Widerstande vor; die eroberten Kriegsmaschinen theilte man unter sich und fertigte neue an, übte sich mit der Armbrust gut umzugehen. Den Schluss dieser ganzen Bewegung bildete endlich der völlige Rückfall zum Heidenthum: die frühern Weiber wurden wieder angenommen, die nach christlichem Ritus Begrabenen nach heidnischer Weise verbrannt, von sich selbst, ihren Häusern, ihren Burgen wuschen die Esten alles Christliche ab. So „warfen sie den Christennamen aus allen ihren Grenzen"[1]).

Die Sackaler erklärten in Riga feierlich, sie wollten den Frieden herstellen, nie aber das Christenthum annehmen, so lange noch ein Knabe ein Jahr alt oder eine Elle hoch im Lande sei. Die gefangenen Ordensbrüder und christlichen Kaufleute boten sie gegen ihre Söhne, welche in Riga Geisseln waren, zum Austausch an. Es beweist die Ohnmacht der Deutschen, dass sie auf den Vorschlag eingingen, die grösste Gewähr für die Unterwürfigkeit der Esten ging ihnen damit verloren[2]).

„Da erneuerte sich der Krieg in allen Grenzen des Estenlandes." Die Hilfe, welche die Aufständischen in den russischen Besatzungen der Burgen gewonnen, schien ihnen nicht hinreichend; die sackalaschen Aeltesten wurden mit Gold und vielen Geschenken nach Russland gesandt, um die russischen Fürsten zum offenen Kampf

---

[1]) Heinr. XXVI, 8.
[2]) Heinr. XXVI, 9.

gegen die „Deutschen und Lateiner" aufzurufen [1]). Die Gesuche fanden günstigen Boden, bis zum fernen Susdal wurden Verbindungen angeknüpft.

Bis auf die revelsche Feste war Estland frei, auch diese sollte jetzt bezwungen werden. Oeseler, Jerwier, Wiren, Strandesten aus der Wiek, Harrier aus Warbola, also alle Stämme, welche unter dänischem Joch gestanden, begannen eine lange und gefährliche Belagerung der Burg, Winter 1222/3. Fiel sie, dann war nicht nur das Leben der Besatzung verspielt, es war auch der letzte Rest der dänischen Colonie vertilgt. Dessen werden sich die Dänen bewusst gewesen sein. Der energische Bischof Tuvo von Ripen, welcher im Spätherbst 1222 hierher als Statthalter gekommen war, leitete die Vertheidigung; immer höher stieg die Noth, bereits hatten die Anstrengungen die Eingeschlossenen aufs Höchste ermattet, — da gelang es endlich den Deutschen und Dänen durch einen glücklichen Ausfall die Belagerer in die Flucht zu treiben. Die Beute war nicht unbedeutend und jedenfalls erwünscht, die Dänen hatten sich wieder für einige Zeit Luft geschafft [2]).

Aber auch nur eben das; weiter hinaus ins flache Land, an die Unterwerfung der Aufständischen wagten sie sich nicht. Diese grössere Aufgabe zu lösen versuchten dann freilich die Deutschen vom Süden aus, allein ihre Zerfahrenheit liess sie zu einmüthigem Handeln nicht kommen, vereinzelte Züge aber bedeuteten wenig und erzielten nichts. Als die Letten wiederholentlich in Ugaunien einfielen und raubten, erlitten sie einen Vergeltungszug der Esten [3]), für die Unterwerfung trug das nichts aus.

Durch den Abfall der beiden südlichen Landschaften Sackala

---

[1]) Heinr. XXVII, 3. Obgleich erst im August 1223 von diesen Gesuchen gesprochen wird, muss die Gesandtschaft bedeutend früher abgegangen sein, da im September das russische Heer eintrifft.

[2]) Heinr. XXVI, 11. Excurs I. Bonnell, Chronogr. pag. 40. v. Brevern pag. 25. Schirren, Beitrag pag. 24. 42.

[3]) Heinr. XXVI, 12.

und Ugaunien hatte der Orden den grössten Theil seiner Besitzungen eingebüsst. Sie wiederzuerobern war ihm das Nächstliegende. Jedoch ein Streifzug nach Ugaunien, den er in dieser Absicht unternahm, blieb erfolglos und belehrte ihn dass er allein, geschwächt wie er war, diese Gebiete nicht unterwerfen könne. Er war gezwungen, sich um Hilfe an die Deutschen in Riga zu wenden, diese aber wollten nur dann bei der Eroberung Estlands mitwirken, wenn den Bischöfen Albert und Hermann, welche nebst Bischof Bernhard in Deutschland weilten, der Besitz in Estland gesichert werde, welchen der Vertrag von 1220 festgestellt hatte. Die Ritter mussten, so hart es ihnen auch ankommen mochte, einwilligen: die Bischöfe erhielten gleiche Ansprüche mit dem Orden auf Estland [1]. Ein Schritt von grösster Tragweite.

Alle Deutschen vereint durchzogen jetzt Sackala, bis zur Palaburg und Nurmegunde ging die Plünderung, doch wurde weder Fellin noch eine andere Feste erobert. Die auf dem Zuge Gefangenen liess man über die Klinge springen, Weiteres wurde nicht erreicht, Estland blieb frei. Damit war erwiesen, die Kräfte im Lande genügten nicht, die Esten zu bezwingen, es musste eine grössere fremde Hilfe mitwirken. — Bischof Albert war im Herbst 1222, wahrscheinlich noch vor Ausbruch des Aufstandes, wieder nach Deutschland gegangen; er wird dort von ihm gehört haben und konnte sich über die Grösse der Gefahr nicht täuschen; Alles stand auf dem Spiele, behauptete sich die Empörung, dann war nicht nur Estland verloren, auch Livland blieb nicht mehr sicher. So suchte er Hilfe. Er wol hatte sich bereits im Herbst 1221 von Livland aus an die Curie gewandt und hier geklagt, wie schwer die Neubekehrten von den Heiden angefeindet und verfolgt würden. Die Noth der jungen Kirche schlug endlich in Rom durch, Honorius III. rief Januar 1222 die Gläubigen in Sachsen durch Kreuzfahrerbullen zum Kampfe in Livland auf, und gewährte ihnen dafür wie einst Innocenz III. den Ablass, welchen

---

[1] Heinr. XXVI, 13

das Concil für einen Zug ins heilige Land festgesetzt hatte[1]). Die livländischen Prälaten werden es dann an Kreuzpredigten nicht haben fehlen lassen; die Folge war, dass im Frühling 1223 Bischof Bernhard mit einer grossen Pilgerschaar in Riga eintraf[2]); das führte den Umschwung der Verhältnisse herbei.

Sackaler und Ugaunier hatten Lettland weit und breit entsetzlich verwüstet, auf die Kunde hiervon rückte die deutsche Gesammtmacht, Volquin mit den Rittern aus Riga, Sygewalde und Wenden, die Pilger, der rigische Domprobst Johannes, die Liven und Letten ins Feld. Der Feind wurde an der Ymer getroffen und völlig geschlagen[3]). Das war der erste grosse Erfolg der Christen; ihre Zuversicht wuchs, rasch gingen sie weiter vor, am 15. August 1223 fiel nach vierzehntägiger Belagerung das feste Fellin, Hungersnoth und eine in Folge der Hitze entstandene Seuche zwangen zur Ergebung. Den Esten ward das Leben geschenkt, sie wurden den Deutschen wieder unterthan, die Russen aber, welche in der Feste gewesen waren, vor derselben aufgehängt als Schreckbild ihren Landsleuten. — Sobald sich ein christliches Heer heranbewegte, ergab sich auch die Palaburg, Sackala war damit unterworfen[4]), der

---

[1]) Raynaldi. Ann. eccles. 1222, §. 40: Fideles, qui nuper in Livonia Christianam religionem susceperant, infestabant atque acriter insectabantur ethnici illarum regionum; quamobrem summus Pontifex Christi fideles Saxones literis suis in impios inflammavit, et in Livoniam adversus illos proficiscentibus, eam peccatorum veniam indulsit quae ab oeconomica synodo subsidio Terrae S. euntibus tributa erat. Im Anfang seines Pontificats hatte Honorius anders geurtheilt, cfr. pag. 9. Anm. 3. — Die Chronologie der uns sonst nicht bekannten Bulle ergibt sich aus dem Citat bei Raynald lib. 6. ep. 181. Da lib. 6. ep. 127 am 30. Decb. 1221 erlassen ist cfr. Ann. eccl. 1222 §. 8, und lib. 6. ep. 222 am 8. Febr. 1222 cfr. ibid. §. 40 und Livl. U. B. LV, so werden wir nicht fehlgreifen, wenn wir lib. 6. ep. 181 in den Januar 1222 setzen. Daraus folgt, dass die Klage über die Noth in Livland bereits im Herbst 1221 nach Rom gegangen sein muss; die Pilgerzüge der letzten Zeit waren in Folge der vielen Hindernisse und der Lauheit in Rom gar geringfügig geworden, jetzt änderte sich das.

[2]) Heinr. XXVII, 1.
[3]) Heinr. XXVII, 1.
[4]) Heinr. XXVII, 2.

Widerstand des trotzigsten Estenstammes auf dem Festlande gebrochen, und zwar durch die deutsche Gesammtmacht, nicht vom Orden allein, welchem das Land bisher gehört hatte. Jetzt erst erschien die von den Esten erbetene Russenhilfe. Das Oberhaupt von Russland, Georg der Grossfürst von Susdal, sandte seinen Bruder Jaroslav mit zahlreichem Heere, an dieses schlossen sich die Novgoroder und der Fürst Wladimir von Plescau mit seinen Bürgern. Ein Heer von 20000 Mann überschritt die livländische Grenze, die Ugaunier begrüssten es mit Freuden, Dorpat besetzte der russische Fürst mit zahlreicherer Mannschaft, von hier aus sollte dieselbe über Ugaunien und ganz Estland herrschen, ebenso erhielt Odempä russische Krieger. Denn nicht so sehr wegen der Hilfsleistung gegen die Abendländer, zu welcher sie freilich herbeigerufen waren, kamen die Russen, sie wollten vielmehr hier selbst Land gewinnen, namentlich war es auf den alten russischen Besitz Ugaunien und die einst russische Burg Dorpat abgesehen — als Jurjev war sie 1030 vom Fürsten Jaroslav gegründet. Von hier wandte sich das russische Heer südwestlich nach Livland gegen die Deutschen; da trafen Oeseler ein, und beredeten die Führer, einen andern Feldzugsplan zu fassen. Der grosse Hass des Inselvolkes gegen die Dänen, aus welchem Keime der ganze Aufstand seinen Anfang genommen, war noch ungezähmt. Die Oeseler riethen, zunächst die revelsche Burg zu belagern, und erst nach Eroberung derselben gegen Livland zu ziehen; als wenn jene vereinzelte Feste, deren ganze Bedeutung in ihrem zähen Widerstand lag, irgend gefährlich zu werden drohte. Der russische Fürst ging wirklich auf den Vorschlag ein. Die grosse Gefahr, welche den Deutschen gedroht hatte und ihnen leicht verhängnissvoll werden konnte, war abgewandt; dass die Russen den entschieden richtigeren Plan, den mächtigeren Feind im Süden zuerst anzugreifen, aufgaben, liess ihr ganzes Unternehmen scheitern, zumal sie zu Belagerungsarbeiten ungeschickt waren[1]).

---

[1]) Heinr. XXVII, 5.

Der Weg der Russen nach Norden führte durch Sackala. Dass dieses schon unterworfen war, erbitterte den Fürsten Jaroslav, als er aber gar bei Fellin die hängenden Leichen seiner Landsleute sah, gerieth er in die grösste Wuth, und liess in einer entsetzlichen Verwüstung die Landschaft seinen Zorn fühlen, ohne von den Deutschen gehindert zu werden. Auf seinem weitern Vorrücken — an eine Wiedereroberung Fellins machte er sich nicht — zog er aus Jerwen und Wirland, Warbola und Oesel Hilfstruppen an sich und belagerte die Dänenburg Lyndanise. Es war ein grosses, starkes Heer, welches die Burg einschloss, und nach Kunst der Deutschen, also wol mit Patherellen und andern Belagerungsmaschinen, wie solche in diesem Aufstande mehrfach erwähnt werden, geschah der Angriff. Aber die Dänen hielten sich tapfer, und besonders durch die Armbrustschützen brachten sie dem Gegner namhafte Verluste bei. Vier Wochen lagen die Russen und Esten vor der Burg und dieselbe fiel nicht, dann zogen sie ab, wol durch die vorgerückte Jahreszeit, da der October 1223 während dieser Ereignisse herangekommen sein wird, vielleicht auch, wie russische Berichte vermuthen lassen, durch Geld bewogen[1]). Estland plünderten sie noch aus, darauf verschwanden sie auf dem Wege nördlich vom Peipus. Das grösste Heer, welches in diesen Provinzen bisher aufgetreten, ward durch den Widerstand der Dänenfeste gebrochen, und hatte nichts Wesentliches erreicht; nur Ugaunien war im russischen Besitz befestigt, und diesen zu stärken, liessen sich die Gäste des Ostens angelegen

---

[1]) Heinr. XXVII, 3 unde tandem confusus rex Susdaliae cum omni exercitu suo reversus est in Russiam. Dagegen sprechen Тройнкая лѣтописі, in Томъ I des Полн. собр. русск. лѣт., Новгородск. лѣт. Томъ III, Псковск. перв. лѣт. in Томъ IV a. o. mundi 6731 wie der Fürst Jaroslav mit grosser Macht nach Reval gezogen sei, Estland erobert, viele Gefangene fortgeführt habe; die Stadt nahm er nicht, aber злата много взяша, was doch wol so zu fassen ist, dass die Russen abgekauft seien; und dazu passt, was Псковск. перв. лѣтоп. a. a. mundi 6736 erzählt: ходили есте къ Колываню и сребро всясте а правде не учинисте. — Bonnell, Chronogr. pg. 41. Karamsin, Geschichte des russischen Reiches. Bd. III. pg. 159 der deutschen Uebersetzung.

sein. Im Herbst sandten sie den Fürsten Wiatschko mit 200 Mannen hin, die Ugaunier empfingen ihn gern und zahlten ihm Steuern, die andern estnischen Gebiete, welche das nicht thun wollten, wurden gebrandschatzt, bis nach Wirland, Jerwen und Sackala dehnten sich diese Plünderungen aus. Versuche des Ordens, seine Herrschaft hier zu erneuern, scheiterten an der Festigkeit Dorpats, Ugaunien konnte noch nicht unterworfen werden[1].
Besser gelang es nach einer andern Seite. Gegen Ausgang des Jahres 1223 nahmen die Ritter den Kampf wieder auf, und übertrugen ihn in die Gebiete, welche einst den Dänen gehört hatten. Zunächst ging es gegen Jerwen; wie 1219 warf der Orden dieser Landschaft vor, sie finge stets gegen die Dänen Kriege an, desswegen wurden viele getödtet, andere gefangen, andere beraubt. Im Dorfe Keytis gelobten die Jerwier von Neuem den Deutschen und allen Christen beständige Treue[2].

Nach dem Weihnachtsfeste sammelte der Orden wieder die Pilger, Letten und Liven unter seine Fahnen, um gegen Dorpat zu ziehen. Da erinnerte man sich der Dänen, welche in der langen schweren Zeit des Aufstandes den Angriff aller benachbarten Länder und Völker erlitten hatten, änderte den Plan und wandte sich nach Norden. Wol nicht nur der Zweck den Dänen zu helfen, wofür freilich die Pflicht vorlag, liess so handeln, wahrscheinlicher ist, dass der Orden die früher dänischen Gebiete allein unterwerfen wollte, um ein Eroberungsrecht auf diese Landschaften auch allein zu erlangen, zumal er die Ansprüche der Bischöfe auf Estland hatte anerkennen müssen, Sackala aber nur mit Hilfe der übrigen Deutschen bewältigt hatte und Ugaunien nicht ohne fremde Unterstützung wieder zu unterwerfen vermochte. — Die Burg Lone in Harrien wurde zunächst von den Deutschen belagert. Hier erschienen auch die Dänen und dankten, dass man sich endlich ihrer erbarmt und

---
[1] Heinr. XXVII, 4, 5.
[2] Heinr. XXVII, 4.

ihnen zu Hilfe gekommen sei. Im Laufe zweier Wochen war die Befestigung dem Falle nahe gebracht, und da in derselben auch Krankheiten entstanden, so baten die Esten um Leben und Freiheit. Ersteres wurde ihnen geschenkt, die Beute theilten die Deutschen mit den Liven und Letten, die Menschen wurden an die Dänen ausgeliefert und frei in ihre Dörfer entsandt [1]). Das Recht der Dänen auf Harrien achteten also die Deutschen. 1224 Januar.

Drei kleine Burgen der Umgegend, welche vielleicht in der Wiek lagen, unterwarfen sich freiwillig einer Heeresabtheilung der Deutschen, die von ihnen Steuern empfingen [2]). Jerwen hatte dem Orden schon früher Gehorsam versprochen, jetzt bat diese Landschaft wiederholentlich, darauf auch Wirland, damit sie sich nicht einer Plünderung aussetzten, um Frieden, beide versprachen das Sacrament der Taufe nie mehr zu schänden. Sie wurden zu Gnaden aufgenommen, als Unterpfand ihres gelobten Gehorsams empfingen die Deutschen von den früher dänischen Landschaften Geisseln. Nur mit verhaltenem Grimm duldeten das die Dänen; als die Ritter abgezogen waren, fielen jene über Jerwen und Wirland her, und belästigten und quälten dieselben, doch vermochten sie nicht die hinreichende Kraft zum Wiedergewinn ihres ehemaligen Territorialbesitzes aufzubieten. Das Land, welches sie neuerdings gewonnen hatten und jetzt beherrschten, den Dänen abzutreten, waren die Deutschen aber nicht gesonnen, nur die Landschaften Revel und Harrien liessen sie jenen. Und es war Niemand vorhanden, welcher der bedrängten dänischen Colonie die nöthigen Kräfte zum Widerstande gegen ihren mächtigen Rivalen leihen konnte, — der König war gefangen!

Der 7. Mai 1223 ist für die Geschichte des Nordens ein Tag

---

[1]) Heinr. XXVII, 6 Danis vero homines restituerunt et in villas suas liberos remiserunt liest Pabst. cfr. Hildebrand pag. 126. Anm. 6.

[2]) Heinr. XXVII, 6. Die alia tria castra minora circumjacentia halte ich für Burgen der Wiek, denn da sie nicht den Dänen übergeben werden, so gehören sie nicht zu Harrien, nach Jerwen aber kommen die Deutschen erst auf dem Rückzuge.

von allerhöchster Wichtigkeit. Der Kranz dänischer Besitzungen an der Ostsee war 1222 kräftiger gewunden als je früher, sogar Estland im weiten Osten konnte durch den Vertrag von Oesel gesichert erscheinen. Und mit kräftiger Hand regierte der König das Ganze, dass freilich nur er es konnte, zeigte sich, als die Herrschaft seiner Leitung entrissen wurde, da war Niemand mehr im Stande das Gewonnene zu erhalten, zumal als auch der Reichsverweser[1]), Graf Albert von Holstein, zu seinem gefangenen königlichen Oheim in den Kerker geführt wurde: der stolze Bau krachte zusammen. Von dem Sturz des Reiches wurde die estländische Colonie besonders hart getroffen. Eben entstanden, fern vom Mutterlande, war ihr eine schwere Aufgabe zugetheilt, sie sollte ein wildes heidnisches Volk zügeln, dessen Gebiet fast so gross war wie die ganze jütische Halbinsel. Dafür waren bedeutende Kräfte erforderlich. Wol hatte der König die Gründung mit grossem Aufwande begonnen, bald aber strebte er danach, Wege zu öffnen, welche ihr die nothwendigen Mittel zuführten, ohne sie der Heimath zu entziehen. Hiezu sollten die Deutschen dienen[2]): hiezu sucht sie Waldemar durch innere Spaltungen zu lähmen und einen Theil in seine Interessen zu ziehen, hiezu will er sie im darauffolgenden Jahr durch Erdrückung nöthigen, hiezu endlich fesselt er sie im Bündniss auf Oesel. Wollten sie nicht wie er, so war er Herr Lübecks, für Livland das Thor nach Deutschland. Alles dieses, auch das Bündniss war erzwungen; als mit der Gefangenschaft des Königs die Macht seines Reiches sank, war dieses nicht im Stande, sich der nahen Feinde zu erwehren, für die weite Colonie konnte es keine Kräfte verwenden. Mit Lübeck wurde Livland frei, und strebte von nun an danach, die Gegner ganz aus dem Lande zu bannen. Die kühne That des schweriner Grafen hätte bei der Entwicklung, welche die Verhältnisse in Folge derselben im Westen nahmen, wol allein

---

[1]) Albertus, cui est tutela dicti regni commissa. Meklenb. Urkundenb. I, 306.
[2]) „Sofort in den ersten Jahren behauptet sich die dänische Colonie nur mit deutscher Hilfe." Schirren, pag. 21.

genügt, die dänische Colonie verschwinden zu machen; der Aufstand der Nationalen und die Russennoth in den Jahren 1222 und 1223 haben diese Entscheidung nicht hervorgelockt, sondern den nothwendigen Verlauf nur beschleunigt. Wir erkennen nicht, ob der König noch vor seiner Gefangennahme die Nachricht von dem grossen Estenaufstand erhielt; ebenso wenig lässt sich entscheiden, ob die Sendung des Bischof Tuvo als königlicher Statthalter Ausgang 1222 in irgend eine Verbindung mit der Erhebung der Esten zu setzen sei, im folgenden Jahr schied Tuvo wieder aus der Colonie. Von einer grösseren Unterstützung, welche hinübergesandt wäre, hören wir nichts, und die passive Rolle der Dänen gegenüber den Aufständischen lässt eine solche kaum voraussetzen. Die Folge ist dann, dass das politische System dieser Lande sich völlig ändert: die früher gefürchteten Dänen erscheinen fortan ohnmächtig, fast nur noch geduldet. An ihrer Spitze befand sich nach Bischof Tuvo's Abzug der junge Sohn Waldemars, Prinz Knut, vielleicht unter dem Titel eines Herzogs von Estland [1]).

Aber auch in einer andern Beziehung war die Haft des Königs für die livländischen Verhältnisse von grösster Wichtigkeit. Jahrelang hatte Waldemar dem Bischof Hermann die Abfahrt aus Lübeck verwehrt, mit der Gefangenschaft änderte sich auch das. Im Kerker des Dänen, wol in Dannenberg, erchienen die beiden Brüder Albert und Hermann, der König „erlaubte, was er nicht hindern konnte", er gestattete jetzt, dass Hermann nach Estland in sein Bisthum gehe, vielleicht versprachen die Bischöfe, dass dieses in Südestland errichtet werden solle [2]). So kam Bischof Hermann in Begleitung seines Bruders und vieler Pilger endlich nach Livland, Frühling 1224 [3]).

---

[1]) Chr. eccl. Ripens. in Scr. rer. Dan. VII, 192. cfr. Excurs I.

[2]) Heinr. XXVIII, 1 placuit Regi, ut iret in Livoniam et de Livonia in Estoniam in Episcopatum ipsius. Möglich dass die Bischöfe das Zugeständniss des Ordens aus dem Anfang des vorigen Jahres bereits jetzt gekannt haben, und darauf gestützt das Versprechen gaben, im Ordensland das Bisthum Hermanns zu limitiren; dazu wird der König seinen consensum leichter gegeben haben. — Das doppelte Livonia ist eigenthümlich. — Hansen, pag. 29.

[3]) Heinr. XXVIII, 1.

Vor einem Jahre hatte der Orden den Bischöfen gleich weite Ansprüche auf Estland zugestehen müssen, als er selbst erhob. Jetzt 21—24 Juli 1224 ging man daran, die Verhältnisse demgemäss zu ordnen. Die Urkunden, welche darüber abgefasst wurden, sind uns erhalten[1]). Der ganze Theilungsprocess veranschaulicht nicht nur die Stellung der deutschen Machthaber zu einander, sondern wirft auch durch die Art und Weise, wie man sich zu den estnischen Gebieten stellte, helleres Licht auf das Verhältniss der Deutschen zu den Dänen. Klar und einfach war die Zugehörigkeit des nördlichsten und südlichsten Theiles von Estland. Auf jenes, die Landschaften Revel und Harrien, erhoben die Deutschen keine Ansprüche, sie unterwarfen und gaben sie den Dänen; auf dieses, die Gebiete Ugaunien und Sackala, waren Anforderungen der Gegner nicht möglich, es war so billig wie politisch, dass sie Hermann zufielen; denn wollte man ihm eine sichere Stellung geben, so war die erste Bedingung, dass er einen Besitz erhielt, in welchem er rechtlich unanfechtbar war. Desswegen vertauschte er die Wick, wohin ihn freilich noch immer sein Titel als Bischof von Leal[2]) wies, mit Südestland: Sackala und Ugannien bestimmte ihm kraft päpstlicher Autorität Bischof Albert als Sprengel. Hermann trug dann die Hälfte dieser Landschaften, Sackala dem Orden zu Lehn auf. Soweit hatten sich die Ritter fügen müssen: sie, die im Anschluss an die Dänen einst gehofft hatten, die geistlichen Herren ganz aus Estland auszuschliessen, dann sich wenigstens Ugaunien und Sackala wiederholt als unabhängiges Gebiet hatten zusichern lassen, müssen jetzt mit der Hälfte zufrieden sein, und für diese sogar huldigen.

Bei den übrigen estnischen Landschaften konnte über das Besitzrecht gestritten werden. Jerwen und Wirland hatte der Orden erobert, der Bischof gab sie den Dänen nicht zurück; herrschten

---

[1]) Livl. U. B. LXI—LXIII. Heinr. XXVIII, 2. Sehr gründlich Hildebr. pag. 127.

[2]) Winkelmann in Mitth. XI, 316; Bienemann ibid. 358.

auch die Ritter hier, so gehörten ihnen die Gebiete doch nicht; Bischof Albert duldete offenbar diesen Zustand, ihn rechtlich festzustellen lag ausser seiner Befugniss, wagte er nicht. Anders stellte er sich zur Wiek und anders lagen auch hier die Dinge. Aelter als der Vertrag zu Schleswig war das Recht der Deutschen auf die Strandprovinzen; seit dem März 1218 befanden sie sich unter der Herrschaft derselben, die daher auch ihre Rechte den Schweden gegenüber wahren, und wenn nach dem kläglichen Ausgang der Letzteren, die Dänen deutschen Missionaren, welchen von Neuem der Gehorsam versprochen wird, und rigischen Kaufleuten gegenüber sich Gewaltthätigkeiten erlauben, so wird daraus eine wirkliche dänische Herrschaft noch nicht folgen. Wurden dann auch 1222 die Strandprovinzen dem Könige abgetreten, so brach der grosse Estenaufstand viel zu rasch aus, als dass Waldemar seine Macht hier irgendwie befestigen konnte. An den Kämpfen der Stammgenossen betheiligte sich auch die Wiek, wol erst 1224 im Januar wurde sie von den Deutschen unterworfen. Zu all dem kam, dass diese die Geisseln der Landschaft, an welche die Auffassung der Zeit vorzüglich das Recht zur Herrschaft in neuunterworfenen Gebieten fesselte, nie, auch nicht während des Aufstandes, aus den Händen gelassen hatten. So konnten sie wol meinen, gültige Ansprüche auf die Wiek zu haben[1]), „unbedenklich" zog Bischof Albert sie als sein Drittel Estlands zum Sprengel Riga, zu dem sie offenbar schon früher gehört und bei welchem sie sich wol gefühlt zu haben scheint — unter dem Krummstabe war gut wohnen —, als sie vernahm, dass sie wieder an Bischof Albert gefallen sei, fügte sie sich gern.

Hatten sich in dieser Weise die Deutschen auch über die Theilung der Länder geeint, so befanden sich damals, Juli 1224,

---

[1]) Heinr. XXVIII, 7 nihil juris Rigensibus in Maritimis unquam defuerat, quae expugnatione ad fidem Christianam et baptismo et censu et obsidibus semper possederant, et Regi Daniae nunquam obsides ejusdem Maritimae reddiderant.

noch nicht alle vergebenen Gebiete auch schon in ihrem Besitz. Von Dorpat aus beherrschte der russische Fürst Wiatschko noch Ugaunien, selbst ein Theil Wirlands war entweder mit ihm verbunden, oder gehorsamte, sich auf Dorpats Widerstand stützend, den Deutschen noch nicht. Sofort nachdem die Theilungen in Riga abgewickelt waren, erhob sich die deutsche Gesammtmacht, den letzten, freilich auch stärksten Halt der Esten zu brechen und die Russen zu vertreiben. Eine Abtheilung des Heeres machte noch vorher einen dreitägigen Streifzug in den unbezwungenen Theil Wirlands und schaffte von hier aus Lebensmittel. Am 15. August 1224 begann die Belagerung Dorpats, in wenigen Wochen war es trotz der tapfersten Vertheidigung eingenommen. Die Besatzung wurde niedergemacht [1]).

Hiermit war im September 1224 der grosse Estenaufstand in allen seinen Theilen gebrochen. Endlich kehrte in diese durch den Krieg bisher wild bewegten Lande die langersehnte Ruhe ein. Der letzte verzweifelte Versuch die Unabhängigkeit zu erringen war trotz der Vereinigung aller Estenstämme durch die deutsche Colonie überwunden. Sie wollte sich auch der Früchte freuen.

---

[1]) Heinr. XXVIII, 3—6.

V.

DER UNTERGANG DER DÄNISCHEN COLONIE.

Der grossen Bedeutung, welche die Unterwerfung Dorpats hatte, waren sich die Sieger bewusst, und die Besiegten fühlten dieselbe. Bischof Hermann ordnete die Verhältnisse in Ugaunien, der Orden richtete sich in Sackala ein, die Oeseler schickten Theodorich aus der Gefangenschaft zurück, die Wiek zahlte dem Bischof Albert die Steuern der beiden letzten Jahre nach, eine russische Botschaft schloss in Riga mit den Deutschen Frieden, zu Ende des Jahres erschienen auch Gesandte der harrischen Burg Warbola mit Abgaben und Geschenken, um sich unter die deutsche Herrschaft zu stellen; allein die Rigischen liessen die Frage ihrer Zugehörigkeit offen[1], eines Eingriffes in Harrien enthielten sie sich. Dagegen hinderten sie die Wirländer und Jerwier nicht, als diese Pferde und andere Geschenke ihren Herren, den Rittern, brachten[2]. Doch dürfen wir uns die Macht des Ordens in diesen nördlichen Gebieten nicht allzu kräftig denken, denn die Dänen, welche den Wechsel

---

[1] Heinr. XXVIII, 7 nihil certi de eis definientes. cfr. Pabst.
[2] Heinr. XXVIII, 7 Wironenses quoque et Gerwanenses, audita castri Tarbatensis expugnatione, Rigam venerunt, et equos et munera Dominis attulerunt .Die Bedeutung der Domini schwankt, cfr. Hansen Scr. rer. Liv. I. pag. 20. Hildebrand pag. 20. Anm. 1. Der Ausdruck findet sich noch:

der Herrschaft in den ihnen früher gehörigen Landschaften, nur schwer duldeten, drückten und belästigten dieselben fort und fort, Es waltete hier eine Zeit des Ueberganges.

Um die geschaffene Ordnung durch die höchste geistliche Autorität gesichert zu sehen, wandte sich der Bischof Albert in einer besonderen Gesandtschaft an die Curie, und bat um einen Legaten des apostolischen Stuhles. Der Papst sollte auf diesem Wege Einblick gewinnen in die Verhältnisse Livlands und sie bekräftigen; vielleicht hoffte Albert dann auch nach so langer angestrengter Thätigkeit endlich seinen Lieblingswunsch erfüllt zu sehen, und mit dem erzbischöflichen Pallium geschmückt zu werden[1]). Am 31. December 1224 ernannte Honorius den um Livland hochverdienten Wilhelm. Bischof v. Modena, zum Legaten für Livland, Estland, Semgallen, Samland, Wirland. Etwa im Beginn des Sommers 1225 wird der Italiener in Livland eingetroffen sein[2]).

Nach allen Seiten entwickelte sich seine Thätigkeit, rastlos durcheilte er predigend das Land. So zog er im Sommer 1225 mit

---

XXIII, 8 seniores . . . occidunt . . . ignorantibus Dominis, der Begriff bleibt hier völlig unbestimmt, der Orden allein oder mit dem Bischof Albert oder dem Herzog Albert kann verstanden sein; XXIX, 9 placuit historiam eam rogatu et instantia Dominorum et sociorum fidelium . . . conscribere, die Chronik ist 1225 geschrieben cfr. Hildebr. pag. 19, Heinrich war Priester an der Ymer, welches Gebiet spätestens 1224 an den Orden fällt, Hildebr. pag. 9 nebst Berichtigung, Heinr. XXVIII, 9. „Heinrichs eigene Herren" sind so zunächst die Ritter, und diese werden hier unter den Domini zu verstehen sein, Hansen Verhdl. d. estn. Ges. III, 3 pag. 24: „er (Heinrich) stand unter dem Orden", cfr. Papst XXVIII, 7 Anm. 10. Ferner XVI, 4 Fratres Militiae, Dominos vestros bello inquietastis; XXVIII, 3 Fratres Militiae, confratres ac dominos . . . expulerant; XXIX, 3 Wendis . . . et Dominis ipsorum, Fratribus Militiae . . . injunxit. Damit dürfte bewiesen sein, dass die Ordensritter die Domini sind und auch XXVIII, 7 auf sie geht. Ebenso nennt Annalista thorunensis die deutschen Ordensritter domini nostri. Scr. rer. Prussic. III, 16.

[1]) Hildebr. pag. 139.

[2]) Für die Chronologie Wilhelms cfr. die Regesten Wilhelms, ausgezeichnet zusammengestellt von Strehlke in Scr. rer. Pruss. II. pag. 116 u. 802. Ergänzungen von Winkelmann Mitth. XI, 326.

Bischof Albert, Johannes, Domprobst U. l. Fr. in Riga, zugleich in dieser Zeit der Abwesenheit des Bischofs Hermann dessen Stellvertreter, gegen Norden. Als sie nach Fellin kamen, trafen sie mit Botschaftern der Dänen zusammen. Diese berichteten dem Legaten ihre Kriege und ihre Noth, werden wol auch ihre grossen Verluste an Land erwähnt haben. Zugleich erschienen aber auch Gesandte der Wiek, klagten über die Anfechtungen, welche sie von Dänen und Oeselern zu erleiden hätten, und um Schutz vor diesen Feinden zu erlangen, boten sie dem Legaten die Herrschaft über sich an, wie sie früher wiederholentlich die Rigischen um Hilfe gebeten. Die beiden Prätendenten auf dieses Gebiet, der Bischof von Riga sowie die Dänen, waren gegenwärtig, beide Theile werden ihr Recht auf den Besitz hervorgekehrt haben, der Legat erkannte, dass dieser Streit noch nicht ausgetragen war, er nahm die Wiek zu Handen des Papstes an sich[1]). Das war eine ganz neue Wendung, vor welcher am meisten die Dänen erschrecken mussten: der von den Deutschen herbeigerufene und diesen entschieden günstige Legat, besetzte die früher dänischen Bezirke, sobald die Gegner Ansprüche auf dieselben erhoben. Die dänischen Bischöfe eilten nach Riga, etwa im August treffen sie dort mit dem Legaten, aber auch mit Abgeordneten der Wiek zusammen. Diese stellte sich nochmals unter den Schutz des Legaten, versprach Priester anzunehmen, den Zehnten zu entrichten, wenn sie nur dadurch vor den Anfällen der Dänen gesichert sei. Der Legat schickte, obgleich auch oeselsche Gesandte anwesend waren, noch besondere Boten ab und ermahnte die östlichen und westlichen Nachbaren der Strandprovinzen, von den Kriegen gegen diese abzustehen und seinen An-

---

[1]) Heinr. XXIX, 3 Estonum nuncii de Maritimis ... venerunt ad eum, offerentes ei terras ac provincias suas ... Et recepit eos. Hildebr. pag. 134. Anm. 1 „Das Et recepit eos wird nicht wie das spätere in manus Summi Pontifici eos colligit (§ 7) zu verstehen sein." Nun ist aber dieses Letztere offenbar identisch mit et recepit eos omnes ad manum Summi Pontificis in XXIX, 7 und das halte ich = Et recepit eos in XXIX, 3.

ordnungen sich zu fügen. — Die Wiek konnten die Dänen nicht an sich bringen, aber freilich Bischof Alberts Herrschaft hatte sich gleich ohnmächtig erwiesen. Die Seelandschaften schienen verloren, um so mehr waren die Dänen darauf bedacht, sich die andern Gebiete ihres ehemaligen Besitzes zu sichern. Sie bemächtigten sich der Burgen in Wirland und suchten hier zu herrschen. Gewiss wird der Orden, welcher das Land für sich erobern wollte, darauf scheel gesehen haben, aber auch die Nationalen mochten nicht das schwere dänische Joch. Sie konnten wol zweifelhaft werden, wer ihre Herren seien, hatte sie doch der Orden jüngst unterjocht und hatten sie sich doch ihm unterworfen. Ein energischer, kriegerischer Arm schien am leichtesten entscheiden zu können, den galt es zu finden.

Nach dem Falle Dorpats 1224 hatte Bischof Hermann die Burg Odempä an Engelbert v. Tisenhausen, Theodorich, seinen Bruder, Helmold v. Lüneburg und Johann v. Dolen verliehen[1]). Diese ersten dörptschen Stiftsvasallen wurden jetzt im Herbst 1225 von den wirländischen Aeltesten zu Hilfe gerufen. Mit ihrem ganzen Gefolge, wie es scheint unter Führung Johanns v. Dolen kamen sie, trieben die Dänen hinaus, und nahmen ihrerseits, denn das Land sei unter dem Banner der heiligen Jungfrau von den Livländern erobert, die Burgen in Beschlag und herrschten über ganz Wirland[2]). Als der Legat das erfuhr, erachtete er sich in seiner Amtsehre, da er ja auch zum Legaten für Wirland ernannt war, für verletzt, berief die Eindringlinge vor sich, und zwang sie unter Androhung des Bannes auf das besetzte Gebiet zu Gunsten des Papstes zu verzichten. Johann v. Dolen, wahrscheinlich aber auch seine Genossen beschworen in die Hand des Legaten diesen Vertrag[3]). Hierauf sandte Wil-

---

[1]) Heinr. XXVIII, 8.

[2]) Heinr. XXIX, 6. Busse in Mitth. VI. pag. 326.

[3]) Hier wird der Schwur geleistet sein, nicht wie v. Brevern pag. 138 meint 1226 in Tarwanpä, wo von Dolen gar nicht die Rede ist, die Stiftsvasallen werden bereits 1226 aus Wirland hinausgedrängt. —

helm in die revelsche Burg, drang in die Dänen, und auch diese mussten, nicht nur auf Wirland, sondern auch auf die andern Gebiete, in Betreff deren sie mit den Deutschen in Streit lagen, entsagen. Sie wagten nicht „gegen den Stachel zu löcken", versprachen der Curie zu gehorchen, und übergaben Wirland, Jerwen, Wiek und auch Harrien in die Hand der Boten, nur die Landschaft Revel mit der Burg blieb ihnen. Zur Bekräftigung des Geschehenen übermittelten sie sogar besiegelte uns leider verlorene Urkunden nach Riga. Nun schickte Bischof Wilhelm seine Mannen, Pilger und Priester nach Wirland, drängte Dänen und Deutsche aus dem Gebiet, und besetzte die Landschaft, wie er selbst sagt, nach dem gemeinsamen Beschluss der Deutschen und Dänen[1].

Im Beginn des Januar 1226 machte er sich dann auf, die neuen Erwerbungen zu besuchen. Ihn begleiteten Lambert, Bischof v. Semgallen, dann wieder Dompropst Johannes, ferner rigische Bürger und einige Ordensbrüder. Ueber Fellin ging es zunächst nach Jerwen, im Dorfe Karethen versammelte der Legat die Eingeborenen, predigte ihnen, nahm sie und das Land zu Handen des Papstes. Von hier gelangte er nach Wirland, in der Burg Agelinde verkündete er wieder das Wort, darauf berief er nach Tarwanpä Abgeordnete der Dänen. Zwischen diesen und den Deutschen ward zuerst ein Vertrag zu Wege gebracht, beide Theile werden ihren Verzicht erneuert haben, dann wurde auch mit den Esten hier der Friede bekräftigt. Als Herr Wirlands versammelte Wilhelm auf der Weiterreise in der Landschaft Thabelins die Aeltesten des ganzen Gebietes, predigte ihnen, nahm sie alle zu Handen des heiligen Vaters, begann aber auch hier bereits die Organisation der Provinz: aus den Herbeigeeilten setzte er von sich aus Richter und Aelteste in allen Landschaften Wirlands ein. Jetzt erst begab er sich in die Feste der Dänen, welche ihn feierlich empfingen. Aus ihren Händen forderte er die Geisseln Wirlands zurück. Mit der Auslieferung der

---

[1] Heinr. XXIX, 6. Livl. U. B. LXXXVIII, CXVII.

estnischen Knaben die wichtigste Handhabe zur Einwirkung auf die Provinz hinzugeben, das kam jenen schwer an, sie weigerten sich zu gehorchen. Nur durch den kirchlichen Bann setzte der Legat endlich seinen Willen durch, die Kinder sandte er heim zu ihren Eltern[1]).

Wie die Warboler im Jahr vorher den Deutschen die Herrschaft über sich angeboten hatten, so suchten sie auch jetzt in der Dänenfeste beim Legaten Schutz. Wenn dieser nur die Landschaften an sich nahm, in Bezug auf welche zwischen beiden christlichen Parteien Streit war, so hatte er Harrien gegen diesen seinen eigenen Grundsatz an sich gezogen. Als auch die Warboler sich ihm unterwerfen wollten, baten die Dänen inständig, das bisher unangefochtene Harrien in ihren Händen zu lassen. Es war billig, dass Wilhelm hierauf einging. Dagegen aber wurden die anderen Landschaften Wirland, Jerwen, Wick nochmals ausdrücklich für den heiligen Vater in Beschlag genommen. Der Legat predigte dann den Eingeborenen und den Dänen, sandte deutsche[2]) Priester in die Wick, welche noch nicht ganz getauft war, und reiste über Sackala nach Riga zurück. Es wird Februar 1226 gewesen sein, als er daselbst anlangte[3]).

Hier fand sich viel zu thun. Zunächst traten zum Zweck kirchlicher Anordnungen die Prälaten der deutschen und dänischen Colonie zu einem Provincialconcil in Riga zusammen, dann entwickelte der Legat eine ausserordentliche und segensreiche Thätigkeit „in Bei-

---

[1]) Wann die Dänen die Geisseln erhalten hatten, lässt sich nicht bestimmt angeben, wol beim letzten Einfall. — Mit Recht macht v. Brevern pag. 139 darauf aufmerksam, dass die Ansprüche des Bischofs Ostrad nirgend hervortreten, doch darf desswegen an seiner damaligen Existenz nicht gezweifelt werden, denn Heinr. XXIX, 4 sind Episcopi Danorum in Riga, und Livl. U. B. CXLVI, ejectis inde episcopis.

[2]) Heinr. XXIX, 7 sacerdotes suos in Maritima misit, aber es sind Peter Kakewald und der Chronist Heinrich, also bekannte deutsche Priester, suos steht wol nur um zu zeigen, dass nicht dänische Missionare in die Wiek gehen.

[3]) Das Ganze nach Heinr. XXIX, 7.

legung und Entscheidung von Streitigkeiten unter den Machthabern"[1]). wie das eine lange Reihe Urkunden bezeugt. Auch für die Landschaften, welche er im Norden an sich genommen, suchte er weiter zu sorgen. Da er selbst bald Livland verlassen wollte, so ernannte er seinen Caplan, einen Magister Johannes, zum Statthalter für Wirland, Jerwen und Wiek[2]); mit nicht sehr zahlreicher Mannschaft zog dieser dahin ab.

Was Wilhelm v. Modena eigentlich hier schaffen wollte, bleibt fraglich. Hoffte er etwa dass durch die Gewalt der päpstlichen Autorität aus der Ferne das besser geregelt werden könne, was er in der Nähe zu entscheiden nicht gewagt hatte. Diese estländische Frage war zweifelsohne die schwierigste, welche an ihn herantrat, er hat den Knoten nicht gelöst, sondern zu zwei rivalisirenden Mächten nur noch eine dritte gesellt, den Zustand damit noch länger in der Schwebe erhalten, und ihn politisch ganz unleidlich gemacht[3]). Es waren Gegensätze, welche auf diesem friedlichen Wege auszu-

[1]) Hildebr. pag. 136.
[2]) Heinr. XXX, 2 Johannes ... habuit in commissione terras eas, de quibus discordia fuerat inter Teutonicos et Danos, Wironiam videlicet, Gerwam et Rotaliam. Weil XXIX, 7 der Legat tota Maritima zu Handen des Papstes genommen, so folgern v. Brevern pag. 140, Bonnel Chronogr. pag. 45, Hildebr. pag. 135 in der Meinung, Rotalia wäre ein Theil von Maritima dass Wilhelm einen Theil der Wiek an Bischof Albert abgetreten. Die Identität von Rotalia und Maritima hat Pabst, Beiträge zur Kunde Ehst-, Liv- und Kurlands 1869. Bd. I. pag. 180 erwiesen, namentlich Heinr. XIX, 3. 8; XXIV, 3; XXI, 2 zeigen den Umfang von Rotalia, auch passt de quibus discordia fuerat in ausgezeichneter Weise für die ganze Wiek XXIV, 6a; XXV, 5, dann sagt Livl. U. B. CXVII Gregor IX, dass Wilhelm Wironia, Gerwe et Maritima ... ad manus nostras recipiens, illas in reditu suo, magistro J. capellano ejus commisit. cfr. Strehlke in Scr. rer. Pruss. II, pag. 53. Anm. 2, und über die Flüssigkeit in den Grenzen der alten Districtsnamen die treffliche Bemerkung des besten Kenners der alten Topographie dieser Länder Schirren, Beiträge pag. 58.
[3]) Klarer würden die Verhältnisse, wenn man des Legaten Maassnahmen dahin erklären dürfte, dass sie ein unhaltbares Uebergangsstadium schaffen sollten, um die Landschaften in die Hände der Deutschen zu spielen; und manches könnte hierauf führen: Wilhelms entschiedene Vorliebe für die deutsche Colonie, welche ihn in der zweiten Legation gerade bei der estnischen Angelegenheit schon die Grenzen der Parteilichkeit streifen lässt;

gleichen unmöglich schien. Denn vergegenwärtigen wir uns die Lage. Im Norden die Dänen, eben soweit stark genug, den Gegner durch ununterbrochene Plänkereien und Neckereien fast bis zur Ermüdung zu belästigen und zu erneutem Kampf zu reizen, aber zu schwach ihm dauernde Vortheile abzuringen oder ihn gar zurückzuwerfen und die erhobenen Ansprüche durchzusetzen. Im Südosten die dörptschen Stiftsvasallen, kühn, tapfer, rücksichtslos, zuversichtlich durch das Bewusstsein, die Herrschaft in einem Gebiete leicht errungen und einige Zeit geübt zu haben, wol auch nach ihrem Rücktritt nicht ohne alle Verbindungen im Lande. Endlich im Westen die Oeseler, stets bereit durch ihre Verwüstungszüge die Landschaften zu brandschatzen, um Gefangene und Beute fortzuschleppen, aber geschützt durch ihre leichten Schiffe und die Abgelegenheit ihres Eilandes. — Und nun dieser Zankapfel selbst, Wirland, Jerwen, Wiek, kraft päpstlicher Autorität Dänen und Deutschen abgezwungen, halb selbstständig hingestellt, theilweise durch den Legaten organisirt, aber ohne die nöthigen Mittel zum Kampf gegen innere und äussere Widersacher und ohne natürliche Bundesgenossen mit hinreichender Macht. In so haltloser Stellung gegenüber so vielen Feinden konnten die Territorien des Statthalter Johannes nicht unabhängig bleiben; wenn aber ein Anschluss geschah, so war es natürlich, dass er nach Süden hin zu den Deutschen vor sich ging. Und hier stiess diese Bewegung auf eine andere, welche ihr entgegenkam.

Schon seit langer Zeit strebte der Orden danach, irgend wie und wo eine unabhängige Stellung einzunehmen. War er früher in

---

ein Widerstand des Statthalters Johann gegen die deutsche Occupation tritt bei unserer freilich lückenhaften Kenntniss derselben nicht nur nicht hervor, die Dänen behaupten sogar, er habe bei ihrer Vertreibung mitgewirkt; nach der Besetzung geschieht lange Zeit von Seiten der Curie nichts, die Rechte des Papstes auf Estland zu wahren, obgleich der Legat Ende 1227 wieder in Italien ist. Leider ist diese Reihe von Anzeichen — und andere directere fehlen uns — nicht genügend, den Beweis in dieser Richtung irgend befriedigend zu schliessen. Die Beraubung Wilhelms in Aachen ist hiermit nicht in Verbindung zu setzen cfr. Strehlke, Regesten.

seinem Versuch auf Sackala und Ugaunien[1]), in jüngster Zeit, als er sich für seine grossen Verluste durch ehemals dänische Gebiete entschädigen wollte, in Jerwen und Wirland gegenüber dem Legaten gescheitert, so gab er desswegen die Absicht und Hoffnung des Gelingens nicht auf. Zum ersten Mal entstand ein Kampf zwischen den verschiedenen christlichen Parteien über die Herrschaft in Estland; der westliche, nördliche und südliche Feind fielen zu gleicher Zeit, vielleicht theilweise vereint über den Statthalter Johannes her.

Den Angriff scheint Johann v. Dolen eröffnet zu haben, wahrscheinlich im Mai 1226. Er mochte glauben, der Legat sei bereits abgesegelt, brach los, und bemächtigte sich einer Burg Wirlands. Allein Wilhelm lag noch in Dünamünde und wartete auf günstigen Wind. Man versteht es, wenn er bei der Nachricht vom Geschehenen heftig aufbrauste; also so wenig sicher waren seine Anordnungen, obgleich Dolen ihm geschworen hatte, dieselben nicht zu verletzen, und obgleich der Legat mit dem Banne gedroht, wenn das von ihm Geschaffene angetastet werde. Wol traf jetzt diese Strafe den „wortbrüchigen Räuber", und Wilhelm war so erzürnt, dass er am 26. Mai die Lehen, welche derselbe bei Riga besass, ihm absprach und der Stadt übergab. Dass diese Maassregel aber von wesentlichem Belang sein werde, glaubte der Legat wol selbst kaum, denn „wenn es aus Furcht vor den Heiden oder aus irgend einer andern Ursache der Stadt gefällt, diese Schenkung bis zur gelegenen Zeit zu verheimlichen, so soll ihr daraus keine Präjudiz erwachsen", fügte der Legat seiner Verleihung hinzu[2]).

---

[1]) Livl. U. B. XXIV, XXIX. Heinr. XXIV, 2.
[2]) Livl. U. B. LXXXVIII. v. Brevern pag. 141 folgert aus Livl. U. B. LXXXIV, wo unter Vermittlung des Legaten zwischen dem Ordensmeister und Bischof Albert am 20. April 1226 abgemacht wird, quod magister uxorem Joannis de Dolen, filios illius, mulieres (?) non posset inquietare, dass die Frau schon hier Besitzerin des Lehns sei, folglich der Mann dasselbe damals bereits verloren habe und zwar in Folge des Bannes, welcher ihn getroffen, weil er in Wirland eingefallen sei. Allein Besitzerin des Lehns heisst hier die Frau nicht, der Bann zog wenn überhaupt so nur nach gewissen Formalitäten, an welche hier nicht gedacht werden kann, keineswegs aber nothwendig den Verlust des Lehns nach sich, auch wäre der Legat.

Bald nach diesem Verdict gegen Dolen reiste der Legat ab. Auf dem Meere begegnete ihm eine Flotte der Oeseler, welche wieder einmal in alter Weise die schwedischen Küsten verwüstet, Kirchen verbrannt, Menschen getödtet und gefangen hatten. In Gotland predigte Wilhelm das Kreuz gegen die Heiden, aber nur deutsche Kaufleute nahmen dasselbe an, Goten und Dänen achteten nicht auf die Ermahnungen. Gut ausgerüstet mit Pferden und Waffen kamen die Pilger, wie es scheint, in nicht unbedeutender Zahl in Riga an[1]. Einen Theil derselben hatte der Legat nach Wirland, also zur Unterstützung des Statthalters bestimmt, und diesem war die Hilfe allerdings sehr nothwendig. Denn nicht nur wird Dolen sich in der errungenen Stellung behauptet haben, auch mit den Dänen gab es wieder Krieg. Diese plagten in alter Weise die Landschaften, welche ihnen früher gehört. Der Statthalter griff sie an, als sie wieder die Wiek brandschatzten und Beute davonschleppten; seine Knechte verfolgten die Eindringlinge, fünfzig wurden erschlagen, fünfzig andere in der Feste Majanpata eingeschlossen, jedoch nach drei Tagen, „darum dass sie Christen waren", freigelassen. Aber auch Wirland machten die Dänen unsicher und selbst Oeseler waren hierher vorgedrungen, fast scheint es, dass beide vereint gegen den päpstlichen Statthalter kämpften. Diesem musste in solcher Noth, die Hilfe, welche der Legat sandte, höchst erwünscht sein,

---

wenn Dolen bereits sich so sehr vergangen, wol kaum zum Schutz der Frau eingetreten, hätte auch anders seiner gedacht; die Frau blieb im sichern Schloss bei Riga, da das überfüllte Odempä im neuunterworfenen Lande für Weiber und Kinder kaum ein passender Wohnsitz gewesen sein wird. Heinr. XXVIII, 8. Gerade das Verhalten Wilhelms gegenüber der Familie Dolens zeigt mir, dass dieser damals noch ruhig war, desswegen setze ich seinen Einfall in den Mai. Die Familie hält sich im Besitz bei Riga cfr. Livl. U. B. CDXXXI.
[1]) Heinr. XXX, 1. Der Dank hierfür ist die Bulle vom 27. Januar 1227 Livl. U. B. XCIV: Stadt und Hafen Wisby nimmt der Papst auf Bitte der Bewohner in seinen Schutz, damit Niemand dieselben desswegen angreife, dass sie bei der Bekehrung der Oeseler und andrer Völker mitgeholfen. Die Oeseler werden aber später unterworfen als die Bulle ausgestellt ist; die Stadt wird Feindseligkeiten Waldemars gefürchtet haben.

unlieb dagegen war den Rigischen die Zersplitterung der Kräfte, sie wollten alle verwendbare Macht zu dem grossen Unternehmen zusammenziehen, zu welchem die Pilger vorzugsweise erschienen waren, und zu welchem der Legat sie wol besonders aufgefordert hatte, zu einer Heerfahrt nach Oesel; daher sandten sie Botschafter nach Estland, und diese brachten den Frieden zwischen den kriegführenden Parteien, d. h. wol zwischen dem Statthalter und den Dänen zu Stande[1]). Nun konnten die Kreuzfahrer, welche im Norden beschäftigt gewesen, in den Süden eilen. Es wird etwa Ausgang des Jahres 1226 gewesen sein. Im Januar wurde dann auch von der deutschen Gesammtmacht der Zug nach Oesel mit dem besten Erfolge ausgeführt, die Insel musste sich unterwerfen[2]). Ein lang ersehntes Ziel deutsch-livländischer Politik war erreicht, „die Herrschaft über dieses furchtbare Raubnest"[3]), welches die Deutschen einst den Dänen überlassen hatten, brachten sie jetzt an sich.

Mit der Schilderung dieser grossen Fahrt nach Oesel schliesst unser treuer Führer durch die älteste Geschichte Livlands seine Chronik in einem Lobgesang auf die Mutter Gottes. Für die folgende Zeit geben uns nur einzelne abgerissene Notizen spärliches Licht über die Ereignisse[4]).

Das gehobene Gesammtbewusstsein nach diesem glücklichen Erfolge[5]) war eine günstige Stimmung, auch nach der andern Seite

---

[1]) Heinr. XXX, 2: Sed audientes Rigenses bella eorum, nuncios mittunt, pacem cum Danis faciunt, ut Osilianos magis impugnare valeant.
[2]) Heinr. XXX, 3—6. Reimchronik v. 1613 ff.
[3]) Usinger pag. 390.
[4]) Die chronikalischen Mittheilungen des XV. und XVI. Jahrhunderts in der Ordenschronik, Russov, Brandis sind für diese Vorgänge gänzlich unbrauchbar, cfr. Excurs III. Von den Urkunden, welche über den Process handeln, den König Waldemar bei der Curie zur Wiedererlangung Estlands anstrengte und die uns gelegentlich über Früheres einiges Material geben, ist Livl. U. B. CLII zu streichen cfr. Excurs ·II.
[5]) Was Winter, die Cistercienser pag. 263 sagt: „als nun die Deutschen mit Siegesjubel von Oesel zurückkamen, empfingen sie die Trauernachricht vom Fall Dünamündes" ist ein chronologischer Irrthum, der Feldzug nach Oesel endet Februar 1227, Dünamünde wird erst 1228 zerstört.

vorzugehen. Dem Statthalter Johannes werden die schwierigen Verhältnisse der letzten Zeit die eigene Ohnmacht und Hilflosigkeit klar gezeigt haben. Selbst durch verschiedene Belehnungen[1]), von welchen wir hören, muss er sich nicht hinreichend haben kräftigen können, dazu hatte er nach Beendigung der oeselschen Heerfahrt auf die Hilfe der Pilger nicht mehr zu rechnen, sie segelten entweder bald heim, oder wurden, wie wir sehen werden, nach einer andern Seite hin gebunden. Der durch die Rigischen vermittelte Friede dauerte wol auch nicht sehr lange, die Dänen werden, als die Kreuzfahrer den Deutschen zu Hilfe eilten, die Ohnmacht des Gegners ausgenutzt haben, um ihre hergebrachten Ueberfälle zu wiederholen. Magister Johannes fühlte sich all dem nicht gewachsen, daher übertrug er der deutschen Gesammtheit, den Bischöfen von Riga und Leal, dem Orden, der Stadt Riga die Landschaften Wirland, Jerwen, Wiek in derselben Weise wie sie ihm vom Legaten übergeben waren[2]). Einzelne Bedingungen, welche er stellte, wurden schriftlich

---

[1]) Livl. U. B. CXLV alienationes et infeudationes decimarum, quas ... J. clericus et Hermodus vicarius ejusdem fecisse noscuntur. Ueber die Bedeutung des vicarius Hermodus, welcher nur hier erwähnt wird cfr. Du Cange, Glossarium, und Herzog, Realencyclopädie s. v. vicarius; Vicare als Inhaber geistlicher Pfründen sind seit dem XII. Jahrhundert überaus häufig, cfr. die zahlreichen Bestimmungen über ihre Competenz Decr. Grat. X, de offic. vicar. I. 28. Für einen solchen geistlichen Vicar halte ich auch Hermodus gegenüber den weitgehenden Folgerungen v. Breverns pag. 155. cfr. auch Excurs III.

[2]) Livl. U. B. CXVII legatus ... illas (sc. Wironiam, Gerwe et Maritima) in reditu suo magistro J., capellano ejus, nomine nostro (sc. Papae) et postmodum magister praedictas easdem vobis (sc. Rigensi et Lealensi episcopis et fratribus militiae ... et universis civibus Rigensibus) sub certa forma commisit, sicut in litteris inde confectis plenius continetur. Beachtet man, dass für beide Uebertragungen an J. und die Deutschen committere gebraucht wird, und dass es Heinr. XXX, 2 heisst: Johannes ... habuit in commissione terras, so scheint dieses der terminus technicus gewesen zu sein, und dürfte wol als urkundlich beglaubigt gelten. Es ist demnach nicht etwa an einen Verzicht zu Gunsten der Deutschen zu denken, sondern wie J. selbst die Landschaften nomine Papae hatte, konnte er sie auch nur zu Handen des Papstes weiter übertragen; und dahin ist das sub certa forma zu interpretiren, offenbar ist hier an eine die Besitzergreifung einschränkende

festgesetzt, leider kennen wir, da uns die Urkunde verloren, ihren Inhalt nicht, wahrscheinlich sollte das Recht des Papstes auf diese Gebiete geschützt werden, denn als Eigenthum konnten die Deutschen sie nicht erwerben, da Johannes selbst sie als solches nicht besass. In die Stellung, welche er bisher zu den estnischen Gebieten eingenommen hatte, rückten also jetzt die deutschen Machthaber, sie sollten die Landschaften für den Papst verwalten. Doch muss man scheiden: der Bischof Hermann von Leal-Dorpat war gar nicht im Lande[1]); der Bischof Albert von Riga wird durch die immer erstrebte Wiek abgefunden sein, welche er bald darauf mit Oesel zu einem neuen Bisthum verband[2]); der Stadt Riga lagen diese nördlichen Gebiete wol zu fern. So kam der grösste Theil der abgetretenen Landschaften in die Verwaltung des Ordens. Es mag dieses etwa im Frühling 1227 geschehen sein, da, solange Oesel noch nicht niedergeworfen war, eine so grosse neue Aufgabe nicht übernommen werden konnte. Denn zum Recht das Land zu besetzen kam die Bedingung zu denken, durch welche die Rechte des Papstes gewahrt werden sollen. Das wird um so wahrscheinlicher, wenn man bedenkt, dass später die Dänen auch das Schloss dem Orden ecclesiae Romanae nomine reddiderunt Livl. U. B. CXLVII, und dass diese certa forma in einer Bulle hervorgekehrt wird, durch welche die Landschaften dem Orden abgenommen werden und an den zwei Tage früher zum Bischof und Legaten ernannten Balduin gelangen sollen; durch ihn, die Dänen werden noch nicht erwähnt, hatte der Papst offenbar erst genaue Kunde auch über die literae a nato imperatoris erhalten. Diese Ansicht hindert mich auch nicht certa forma mit mandante magistro Johanne ... castrum obsedere (sc. fratres militiae) in derselben Livl. U. B. CXLVII zu identificiren, was sonst verlockend erscheint. —

[1]) Chr. Godofridi Coloniensis in Boehmer, Fontes rerum Germanicarum Bd. II. pag. 360: 20. Sept. 1226 ist Hermann bei der Consecration des Erzbischof Heinrich in Cöln zugegen. v. Brevern pag. XI.

[2]) Bonnell, Commentar pag. 65. Winkelmann, Mitth. XI, 481. Anm. 3. — Die erste Nachricht eines Bisthums Oesel erhalten wir durch die Urkunde des ersten Bischof Gotfried vom 29. Juni 1228 Livl. U. B. XCIX a; dass die Wiek vom Beginn an zum Bisthum Oesel gehörte, zeigt Schirren, Fünfundzwanzig Urkunden zur Geschichte Livlands. 1866. Nr. 4: septem (sc. kelichontas) in maritima d. h. die ganze Wiek bestätigt König Heinrich (VII.) dem Bischof Gotfried am 1. Oct. 1228.

Pflicht dasselbe zu schützen. Wenn es für wahrscheinlich gelten darf, dass die Anfälle der Dänen Johannes in die Arme der Deutschen getrieben hatten, so werden sie von diesem auch seinen Streit geerbt haben, und in der That führen Anzeichen dahin dass im Frühling 1227 beide Nationen, Deutsche und Dänen, in offenem Hader einander gegenüberstanden. Diesen auszufechten war die Zugabe, welche die Ritter zu dem neuen Erwerb erhielten. Sie befanden sich an der Spitze der antidänischen Bewegung, aber jenen Charakter, welchen der gleichzeitige Kampf auf deutschem Boden so stark ausgeprägt zeigt, den der Nationalitäten, verleugnet er auch in Livland nicht, alle Deutschen waren geeint wider den Feind, und schlossen sich als Ganzes an die Gesinnungsgenossen des Westens. Zum ersten Mal erscheint die livländische Conföderation in Verbindung mit den Welthändeln Europas.

Der glückliche und rasche Erfolg, welchen die Deutschen gegenüber den Dänen erlangten, wurde auf der einen Seite durch die Schwäche der dänischen Gesammtmacht, auf der andern durch die grosse Zahl und weite Verbindung ihrer Gegner möglich. — Dänemark lag noch immer tief darnieder; war auch Ende 1225 König Waldemar seiner Haft entlassen worden, so scheint er doch jetzt nicht daran gedacht zu haben, seine frühere Stellung in Estland wieder zu erringen, weder dänische noch livländische Quellen sprechen von Unterstützungen, die in dieser Zeit hieher gesandt wären. Nähere, grössere Interessen nahmen ihn völlig in Anspruch, sämmtliche Kräfte zog er zusammen, um gegen Holstein, Schwerin, Sachsen, Lübeck, Bremen zugleich zu kämpfen, während diese seine Feinde durch weite Verbindungen sich zum Widerstand rüsteten.

Das Lübeck und Livland einander näher traten, ist wie an sich natürlich, so auch ausdrücklich bezeugt[1]). Im Mai 1226 erhielt die Stadt vom Kaiser die Erneuerung alter wichtiger Freiheiten;

---

[1]) Das gute Verhältniss blieb auch in der Folge Livl. U. B. CX, CXLI.

dieselben Gesandten, welche diese werthvolle Urkunde auswirkten, waren auch die Vermittler bei dem Briefe, durch welchen Friedrich II. dem livländischen Orden alle seine Besitzungen bestätigt und das Bergregal verleiht¹). — Die Lübecker hatten dann Kunde erhalten von dem Kriege, welcher im Frühling 1227 in Estland zwischen den Deutschen und Dänen ausgebrochen war, wandten sich brieflich nach Livland und Oesel, um hier wider den gemeinsamen Gegner ein Schutz- und Trutzbündniss zu schliessen. Sie fanden günstigen Boden. Das Inselvolk, welches früher den Krieg gegen die Dänen immer so energisch geführt hatte, nahm die Schreiben gut auf; wenn es vielleicht im letzten Jahre mit den Dänen gemeinsam den Statthalter Johannes bekämpft hatte, so endete diese Genossenschaft jetzt; wol geleitet durch den deutschen Einfluss, versprach Oesel den Lübeckern Hilfe; und das war um so wichtiger, weil es mit seiner Flotte das Meer beherrschte, die Livländer aber eine Seemacht noch nicht besassen. — Wie die jüngst bezwungene Insel waren dann auch deren Herren zum engsten Anschluss sofort geneigt. Diese Parteistellung²) lernen wir aus einem Briefe kennen, der freilich zu kurz ist, um völlig klares Licht zu verbreiten. So nämlich schreiben von Riga aus die gesammten Deutschen Livlands, Bischof Albert, Ordensmeister Volquin, die rigischen Bürger und die übrigen Deutschen in Livland an die Stadt Lübeck, die grosse Widersacherin des Dänenkönigs: „Da wir eure Beschwerden als unsere erachten, so werden wir mit dem Könige der Dänen und seinem Volk nie einen Frieden eingehen, bei welchem ihr ausgeschlossen seid; gleichmässig bitten wir euch dass ihr keinen Frieden mit jenen macht, ohne dass wir eingeschlossen wären. Wisset nämlich dass die Oeseler eure Briefe gut aufgenommen, euch Hilfe zu leisten, uns in Allem zu gehorchen,

---

¹) Livl. U. B. XC. Lübisches Urkundenbuch XXXIV. Usinger pag. 361; durch ein Versehen steht hier „Domherr Johann, eines Wilhelm Sohn", es muss wie in der Urkunde für den Orden filium Vollardi heissen.

²) Büttner, Mitth. XI, 12.

versprochen haben, und entschlossen sind, in Krieg und Frieden mit uns zusammen zu stehen" [1]).

Als dieses leider undatirte Schreiben ausging, war im Westen der Kampf, welcher im Winter 1226/7 eine Weile geruht hatte, wol schon wieder losgebrochen. Kleinere vorübergehende Erfolge, welche Waldemar anfangs noch erzielte, hatten wenig zu bedeuten, die Niederlage bei Bornhövede war total, Dänemarks Grossmachtsstellung mit dem 22. Juli 1227 auf lange dahin.

Etwa gleichzeitig spiegeln sich in kleinerem Maasstabe diese Vorgänge im Osten wieder. — Jerwen und Wirland waren dem Orden von Johannes überkommen. Zunächst galt es die Landschaften einzunehmen und zu behaupten. In Wirland, wissen wir, hatten sich die Dänen besonders in den Burgen festgesetzt, sie mussten zum Weichen gezwungen werden, dann erst konnte daran gedacht werden, Estland von jeder nichtdeutschen Herrschaft zu räumen. Dass hier ein unvermeidlicher Kampf bevorstand war klar, dass schon seit geraumer Zeit alles einem solchen entgegentrieb konnte dem Orden, dem es zufiel ihn auszufechten, nicht entgehen. Daher hatte er sich schon früh zu demselben vorbereitet, er hatte Hilfstruppen unter seine Fahnen gebracht, die eigentlich nicht dahin gehörten, wir sind noch im Stande den Wegen nachzugehen, welche er dazu einschlug.

---

[1]) Livl. U. B. XCVIII. Besiegelt vom Bischof, Ordensmeister und von der Stadt cfr. Lübisches Urkundenbuch XLI. Es ist dieses die Antwort der Livländer; dass auch an sie Schreiben ergangen waren, fordert schon die Analogie zu den Oeselern, folgt aber auch aus der ganzen Form des Briefes. Da nun von „pax" mit Waldemar die Rede ist, so hatten offenbar die Lübecker mit Recht angenommen dass die Livländer mit den Dänen in Krieg lagen. Für diesen ist es wichtig, die Chronologie des Briefes zu bestimmen. Osiliani . . . nobis per omnia obedire promiserunt zeigt dass Oesel schon unterworfen war, cfr. Usinger pag. 390; vor dem April ist der Hafen bei Riga nicht offen, also vor dem Frühling 1227 wird die Nachricht von der Sachlage in Livland nicht über das Meer gegangen sein; darauf erging das Schreiben aus Lübeck, die vorliegende Antwort fällt also frühestens in den Ausgang des Frühlings. Demnach wussten die Lübecker im Frühling 1227, dass in Livland zwischen Deutschen und Dänen Krieg war, und wir werden denselben am natürlichsten als das den Deutschen vom Statthalter Johannes überkommene Erbe ansehen.

Es war ein übles Ding und spielt in der Geschichte Livlands
eine grosse Rolle, dass die Pilgerschaaren, welche herüberkamen,
sich immer nur für ein Jahr als gebunden erachteten, auf eine
Gleichmässigkeit im Zufluss dieser ausserordentlichen Hilfsquelle
war nicht zu rechnen; dazu verpflichtete ihr Gelübde die Kreuzfahrer in erster Stelle zum Kampf gegen die Heiden, für den Zweck,
welchen der Orden im Schilde führte, reichte das nicht. Zwar hatte
am 11. April 1226 der Legat Wilhelm angeordnet dass wenn im
Frühling die ersten Schiffe mit Pilgern in Dünamünde landen, es
es dem Dompropst, dem Ordensmeister, den Bürgern freistehe, für
ihre Zwecke und ihre Burgen Gehilfen aus der Zahl der Kreuzfahrer
zu gewinnen, — jedoch während der ersten zehn Tage sollte der
Bischof von Riga das Vorrecht haben, zehn Pilger willig zu machen,
ihm zu dienen und seine Festen zu schützen[1]). Eine solche Ein-
schränkung musste lästig werden, desshalb wandte sich der Orden
an den Papst, und dieser verlieh ihm denn auch am 27. November
1226 die unbeschränkte Befugniss, die Pilger, welche zur Vertheidigung und Ausbreitung des Glaubens nach Livland kommen, und
welche freiwillig zum Schutz der Ordensschlösser oder zu andern
Diensten des Ordens zurückbleiben wollen, so lange bei sich zu behalten, als jene selbst mögen[2]). Eine Ausnutzung dieses päpstlichen
Zugeständnisses für Parteizwecke war leicht möglich. — Dass aber
der Zug der Pilger ungehemmt Livland erreichen könne, dafür
sorgte eine Bulle des folgenden Tages 28. November 1226, in welcher die Bürger Lübecks ermahnt werden, die Kreuzfahrer, welche
aus ihrem Hafen absegeln wollen, nicht selbst zu belästigen, aber
auch nicht zu dulden dass Andere sie bedrücken. Nur eine Vor-
sichtsmaassregel werden wir hierin erkennen: nicht sowol dem Livland freundlichen Lübeck galt die Vorschrift, aber eben lagen Dänemark und die norddeutschen Verbündeten im offenen Kampf, wer

---

[1]) Livl. U. B. LXXXIII.
[2]) Livl. U. B. XCI.

mochte die Entscheidung voraussagen, und die alten Wege dänischer Politik drohten beim etwaigen Siege des Königs. Zu Vollstreckern der Bulle werden charakteristisch genug drei Bischöfe ernannt, welche im deutschen Lager standen, die von Lübeck, Ratzeburg, Schwerin, sie sollen die Zuwiderhandelnden mit kirchlichen Strafen belegen[1]).

Etwa zum Beginn des Jahres 1227, als Oesel bezwungen war, Statthalter Johannes verzichtet hatte, der Orden in Folge dessen wol schon mit den Dänen in Krieg lag, wird ihm die Kunde dieser Bullen zugekommen sein; manchen Pilger, welcher im Frühling absegeln konnte, wird er noch für sich gewonnen und zum Bleiben bewogen, manchen der neu ankommenden an sich gezogen haben, als er auf Grund der päpstlichen Autorität frei werben konnte, und als der Kampf, für welchen er es that, ein heiliger schien: die Landschaften des Papstes vor ihren Bedrückern zu schützen. Hiezu suchte und gewann er dann weitere Hilfe aus benachbarten Gebieten, man kann wol an die dörptschen Stiftsvasallen denken, welche anfänglich in diesen Bewegungen eine so grosse Rolle gespielt hatten und jetzt bei der allendlichen Entscheidung zum Ordensheer gestossen sein werden. Hilfe aus der Ferne wird dagegen nicht erlangt sein, die deutschen Bundesgenossen brauchten jede Kraft für sich selbst[2]).

So gehörig gestärkt konnte der letzte Kampf nicht schwer werden, liess man sich nicht durch die Rücksicht auf das fremde Recht leiten, die dänische Macht war nicht zu fürchten. Zunächst mussten

---

[1]) Livl. U. B. XCII.
[2]) Usinger pag. 391 hält auf Grund jenes Briefes aus Riga eine Unterstützung aus Lübeck für wahrscheinlich. — Dass die Chron. eccles. Ripens. nicht wie Schirren pag. 28 und 54 hervorhebt eine Theilnahme des Grafen von Schwerin kennt, zeigt Excurs I. Wenn derselbe geehrte Autor weiter meint, es werden mit den quidam alii ipsi terrae vicini, die nach Livl. U. B. CXLVI gemeinsam mit dem Orden die dänischen Gebiete besetzen, „wol eher Auswärtige gemeint sein, als die Wirländer, welche im Lande selbst sassen", so ist zunächst das Verhältniss zwischen ihnen und den coadjutores ipsorum, qui tunc sub vexillo eorum (sc. fratrum) fuerunt Livl. U. B. CLX und die 1238 noch im Lande sind, schwer zu bestimmen; v. Brevern hält wie wir die

Jerwen und Wirland gesichert werden; in letzterer Landschaft stiess
der Orden auf Widerstand, die Burg Agelinde auf der Grenze bei-
der Gebiete, welche die Dänen wol noch besetzt hielten, wurde erobert und zerstört, ebenso eine andere Burg Goldenboret, über deren
Lage wir nicht unterrichtet sind[1]). Damit wurde wol der Weg nach
dem Norden in die bisher unangefochtenen dänischen Provinzen frei;
als die Ritter einmal mit den Herren derselben im Kampf waren,
lag es nah, die letzte Schranke zu durchbrechen und die Gegner ganz
aus dem Lande zu treiben. Und hiezu ermunterte sie auch noch
der Vertreter der päpstlichen Interessen, der Magister Johannes:
er forderte sie auf, die revelsche Burg zu besetzen[2]), und sich damit zu den alleinigen Herren Nordestlands zu machen. Freilich
war dieses das beste Mittel, die Landschaften, deren Schutz ihm,
Johannes, vom Legaten übertragen war, vor feindlichen dänischen Ueberfällen für immer zu sichern. Zu der entschieden vor-
handenen eigenen Neigung des Ordens kam so gewissermaassen die
höhere Autorisation, die den gewaltsamen Schritt eines Theiles
seines gehässigen Aeusseren zu entkleiden schien. Das entschied
wol, der Orden ging vor: Widerstand im offenen Felde wurde,
wie es scheint, nicht geleistet, dazu waren die Dänen zu schwach[3]),
aber bei der revelschen Burg, welche bisher allen feindlichen Anfällen widerstanden, und die, da sich die Dänen schliesslich in

---

ipsi terrae vicini für Genossen Dolens; man wird Schirren beistimmen, dass
für „Wirländer, welche im Lande selbst sassen", der Ausdruck kaum gebraucht
wäre, aber dieselben Personen waren zuerst dörptsche Stiftsvasallen, und
in dieser Eigenschaft trifft die Bezeichnung ipsi terrae vicini. Aehnlich
heisst es in einer andern Bulle Livl. U. B. CCLXXXI paganorum multi-
tudinem, ipsorum terrae vicinam von den Heiden, welche im Watlande öst-
lich von Wirland sassen, wie die dörptschen Stiftsvasallen südlich. cfr.
Busse in Mitth. VI, pag. 337. Anm. 16.
[1]) Livl. U. B. CXLV reficiant (fratres militiae) castra Agnileti et Goldenboret. Das erstere ist offenbar dasselbe mit primum castrum Wironiae,
quod Agelinde vocatur Heinr. XXIX, 7.
[2]) Livl. U. B. CXLVII fratres militiae Christi in Livonia mandante
magistro Johanne ... castrum obsedere praefatum.
[3]) Chr. eccl. Rip. in Scr. rer. Dan. VII. pag. 192.

dieselbe zurückgezogen hatten, die Ritter auf Anordnung des Magister Johannes belagerten, kam es zum entscheidenden Kampf; die Deutschen siegten, ein Theil der Gegner blieb, ein anderer fiel mit der Beute in die Hände der Feinde und musste sich später gegen Lösegeld die Freiheit erkaufen[1]. Die Besatzung war gezwungen, sich gleichfalls zu fügen, und übergab das Schloss dem Meister und seinen Genossen, welche es zu Handen des Papstes empfingen[2]. Damit war der Kampf zu Ende, auch die dänischen Bischöfe Wescelin und Ostrad wurden vertrieben, denn geistliche und weltliche Rechte riss der Orden an sich[3]).

So war ganz Estland in den Händen der Deutschen. Wie der Orden schliesslich die Eroberung vollführte, so blieb sie ihm auch[4]). Die Zeit dieses Schlussactes wird in den Sommer 1227 zu setzen sein[5]).

Weit hinaus hatten die Ritter die Grenzen ihres Gebietes vorgeschoben. Zunächst suchten sie für die durch die Waffen geschaffenen Verhältnisse auch Rechtstitel. Der Kaiser hatte ihnen im

---

[1]) Livl. U. B. CXLV spolia occisorum et pecuniam pro redemptionibus captivorum in bello apud praedictum castrum Revaliae (reddant magister et fratres).

[2]) Livl. U. B. CXLVII custodes . . . illud (sc. castrum) magistro et fratribus dictae militiae recipientibus ecclesiae Romanae nomine reddiderunt.

[3]) Livl. U. B. CXLVI ejectis inde episcopis non solum temporalia sed spiritualia suis usibus applicaverunt. Aus dieser Urkunde stammt wol der Irrthum bei Usinger pag. 391: „Drei Bischöfe, die König Waldemar hier früher eingesetzt," seien abgesegelt, da in der Bulle gesagt wird, archiepiscopus de licentia sedis apostolicae tres episcopatus scilicet Lealensem, Wironensem et Revalensem creavit ibidem; eine falsche Angabe. cfr. auch Livl. U. B. CXVIII, CXXXIII.

[4]) Das ist das Ergebniss aus den wenigen Notizen der spätern Bullen. Sind sie freilich auch oft im dänischen Interesse erlassen, so liegt doch eine grössere Bürgschaft für die Zuverlässigkeit ihrer Nachrichten darin dass eine Zahl der bei den Vorgängen betheiligten Personen in Rom anwesend war, als sie abgefasst wurden, und es in ihnen wiederholentlich heisst, der Ordensprocurator habe die Richtigkeit dieser Angaben zugestanden. Leider sind dieselben so mager, dass mehr als wünschenswerth der Combination anheimfällt.

[5]) Die Eroberung geschieht nach dem rigischen Schreiben, das nicht vor den Ausgang des Frühlings gesetzt werden kann.

Mai 1226 ihre derzeitigen Territorien bestätigt, jetzt schenkte ihnen am 1. Juli 1228 König Heinrich (VII.) von Deutschland aus königlicher Gnade und Machtvollkommenheit als Zeichen der Ehrfurcht gegen Gott, zum Seelenheil seiner selbst und seiner Vorfahren Land und Feste Revel, Jerwen, Harrien, Wirland mit allen Rechten zum ewigen Besitz, da diese Gebiete dem Könige und dem Reiche angehören[1]). — Wichtiger freilich wäre dem Orden eine ähnliche Anerkennung des neu Erworbenen seitens der römischen Curie gewesen, doch hat er eine solche jetzt nicht erringen können[2]). Werthvoll schien die königliche Verleihung insofern, als der Orden, während er bisher in Jerwen und Wirland nur die ihm übertragenen Rechte des Magister Johannes übte, Harrien und Revel ihm von den Dänen zu Handen des Papstes überliefert waren, er also eigentlich in dessen Namen in allen diesen Gebieten walten sollte, — er nun in Folge der Urkunde König Heinrichs verlangen konnte, als selbstständiger Herr des Landes betrachtet zu werden[3]).

Das waren die grossen Veränderungen in den Besitzverhältnissen Estlands, welche das Jahr 1227 vorzugsweise zum Vortheil des Ordens brachte. Die dänische Macht war verschwunden, — wird die factische Herrschaft und die königliche Bestätigung der geschaffenen Zustände genügen, dieselben zu erhalten? Wird es dem Orden möglich sein, hier in Nordestland die unabhängige Grundlage zu gewinnen, von welcher aus er sein Hauptziel erreichen kann: für seine andern abhängigen Gebiete eine freiere Stellung zu erwerben? —

---

[1]) Livl. U. B. C.
[2]) Livl. U. B. XCIX. gehört ins Jahr 1234. cfr. Bd. III, Regeste ad 112.
[3]) Hierauf hat v. Brevern mit Recht Nachdruck gelegt, doch kann ich den Ausdruck „Vogtei des Ordens" pag. 205 für diese Uebergangsperiode nicht billigen, Johannes ... habuit in commissione terras eas. Heinr. XXX, 2. — cfr. pag. 73. Anm. 2.

EXCURSE.

I.

Ueber die Nachrichten des Chronicon ecclesiae Ripensis.

1. Schirren, Beitrag zum Verständniss des Liber Census Daniae in den Mém. de l'académie impériale des sciences de St. Pétersbourg. VIIe série. Tome II. Nr. 3. pag. 28 sagt gegen v. Brevern: „Wenigstens eine Prüfung verdiente die Angabe des Chron. Eccl. Rip. (S. R. D. VII, 192) ... Es heisst dort nach der Gefangennahme des Königs Waldemar durch den Grafen Heinrich von Schwerin: „Interea Revalia capitur a Teutonicis, Rigensibus et Comite." Und weiter pag. 54 des Beitrages heisst es: „dass dänische Quellen ihm (dem Grafen Heinrich von Schwerin) bei der Einnahme Revals Betheiligung zuschreiben, habe ich oben nachgewiesen." — Wir haben im Text diese Nachricht des Chronicon nicht berücksichtigt und wollen zunächst das begründen.

Es ist bekannt, mit welchen Schwierigkeiten die Benutzung der dänischen Annalen und Chroniken verbunden ist, nicht zum wenigsten, weil wir noch immer auf die Ausgabe in den Scriptores rerum Danicarum von Langebeck und Suhm angewiesen sind. Möglichst viel Material wurde hier zusammengetragen, an eine kritische Scheidung des Ursprünglichen und Abgeleiteten dabei nicht gedacht. Das werthvolle Werk Usingers, die dänischen Annalen und Chroniken des Mittelalters. Hannover. 1861. hat für viele Abschnitte die kritische Durchsichtung ungemein gefördert, auf das Chr. eccl. Rip. einzugehen lag ausser dem Plane der Arbeit. Nun ist es aber gerade hier wesentlich zu beachten, wie der Text in den Scr. rer. Dan. VII. entstanden ist.

Aus der Vorrede pag. 182 erfahren wir dass den Grundstock bildete eine Chronica ecclesiae Ripensis, ex vetusto msto chartaceo ... cujus autographum exstat in bibliotheca regia. Das von Suhm citirte Werk Erichsen, Udsigt over den gamle Manuscript-Samling i det store Kongelige Bibliothek. Kiobenhavn. 1786. gibt pag. 123 nur die Notiz: Sylloge variorum de Episcopis Daniae 1, Chronica Ecclesiae Ripensis ex veteri Mss. chartaceo Capsa

Cypr. ord. III in 4⁰. Fol. — Dagegen fügt Suhm die wichtige Bemerkung hinzu: Sed haec chronica tantummodo fragmentum est, desinens in episcopum Tuvonem, also nur bis 1230 reicht dieser Codex. Eine Ueberarbeitung und Fortsetzung dieser ältesten Chronik ist das Werk, welches als Chronicon ecclesiae Ripensis seu Annales Episcoporum Ripensium ex veteri codice manuscripto eruit et edidit Petrus Terpager. Havniae. 1708. 8⁰. und welches bis 1569 geht. Dieses druckte Suhm in den Scr. rer. Dan. VII. von Neuem ab, indem er die Bemerkungen, welche Hamsfort seinem Manuscript beigefügt hatte, auch noch mit aufnahm. In die Noten wurden die abweichenden Lesarten der alten Chronica, soweit diese reichte, verwiesen. Nun stammt auch diese offenbar nicht aus dem XIII. Jahrhundert, sondern ist jünger, wie schon der Cod. chartaceus zeigt, und die Angabe pag. 192 successit Tuvo ... Anno Domini 1215. Hic primus de capitulo fuit electus sed Rege invito. Antiquitus erant electiones Episcoporum apud Regem; doch ist der ältere Text unvergleichlich besser als der bei Terpager und Suhm. Am grössten und bedeutendsten sind die Aenderungen für den in mehrfacher Beziehung interessanten Theil über Bischof Tuvo. Ich lasse den Abschnitt über Estland nach den verschiedenen Lesarten folgen, die ältere gemäss pag. 193. Anm. 4.

Chronica.

Eodem anno Episcopus Tuvo pro conversione Estonum in Revalia hiemavit, et sequenti anno post multa pericula relicta urbe, Canuto filio Regis et Duci Estoniae reversus est cum multis ibi peregrinantibus ad conversionem paganorum. Sed Rege capto cum filio in Liytho per Henricum Comitem Swerinensem Revalia capitur a Theutonicis Rigensibus. Et Comites ac Civitates Sclaviae et Holsatiae a Dominio Daciae recesserunt. Captus est Rex Waldemarus cum filio suo Waldemaro Secundo Nonas Maji in lecto circa noctis medium et tenti in vinculis, quasi per quadriennium.

Chronicon ed. Terpager et Suhm.

Eodem anno MCCXXII per totam hyemem mansit Tuvo Episcopus in Revalia pro conversione Estonum et sequenti anno post multa pericula relicta urbe Canuto filio Regis et Duce Estoniae reversus est in Daniam cum multis ibi peregrinantibus ad conversionem paganorum. Anno sequenti nono May circa noctis medium in lecto juxta mare in Lytho in Selandia, captus est proditorie Waldemarus II cum filio suo Waldemaro II per Henricum Comitem de Suerin, qui detenti sunt in castro Suerin in vinculis fere per quadriennium, et interea Revalia capitur a Teutonicis Rigensibus et Comite, et ita civitates Sclavicae et Holsaciae a domino Danorum discesserunt.

Der Schreiber der Chronica hat, wenn anders die vorliegende Bischofsgeschichte die älteste Redaction ist, offenbar gute Nachrichten gehabt, sie aber nicht immer glücklich, selbst nicht fehlerfrei verbunden: so bezeichnet er fälschlich den jungen König als II. seines Namens, so zerreisst er gelegentlich Zusammengehöriges durch fremde Einschiebsel, wie den Bericht über die Gefangennahme der Könige durch die Erzählung von der Eroberung Revals. Die Ueberarbeitung ordnet wol das Zusammengehörige zu einander, stellt aber sonst die Fehler nicht ab, sondern bringt noch neue hinzu: sie verwirrt die Chronologie eodem anno 1222 .... sequenti anno (1223) .... anno sequenti — 1224 für die Gefangennahme; Lytho in Selandia, während es südwestlich von Fünen im kleinen Belt liegt; Vater und Sohn unmittelbar auf einander mit derselben Zahl in der Königsreihe zu bezeichnen ist jedenfalls arg; der Zusatz in castro Suerin ist für die Dauer sere per quadriennium falsch; — endlich wird erst hier Heinrich von Schwerin mit der Eroberung Revals in Verbindung gesetzt, eine einfache Corruption des älteren Textes, wie der Augenschein lehrt, und als geschichtliche Notiz unbrauchbar; der Graf hat, wie die Chronica zeigt, mit den Vorgängen in Estland direct nichts zu schaffen.

2. Noch ein anderer Punct ist aus der Chronica für die Geschichte der dänisch-estländischen Beziehungen zu erörtern, nämlich die Frage, wann Bischof Tuvo v. Ripen nach Reval zog, über welche Thatsache nur diese Quelle berichtet. Bonnel, Russisch-liwländische Chronographie. Petersburg. 1862. 4. sagt allgemein: „Tuvo, der im Herbst 1222 nach Estland gekommen." v. Brevern pag. 114: „Wahrscheinlich aber sandte Waldemar noch von Oesel aus einige Verstärkung nach Reval." Wir hören hievon nichts und nach dem, was wir sonst vom oeselschen Zuge wissen, ist es nicht wahrscheinlich. „Vielleicht erschien von dieser begleitet der neue Statthalter des Königs, Bischof Thuvo von Ripen." Wenn dieser mit auf Oesel gewesen wäre, so würde das bestimmt überliefert sein, cfr. die Aufzählung Heinr. XXIII, 2; es ist aber höchst unwahrscheinlich, dass Bischof Tuvo den Sommer über aus Dänemark entfernt war. —

Das Cölibatgesetz fand noch immer und ganz besonders im nördlichen Europa,. in England und Scandinavien viel Widerstand. Raynaldus, Ann. eccl. 1221, § 48; 1222, § 49; Münter, Magasin für Kirchengeschichte und Kirchenrecht des Nordens. I, 37; und desselben Kirchengeschichte von Dänemark und Norwegen. II, 364. Die schwedischen Priester beriefen sich auf ein päpstliches Privileg für ihre publica conjugia, was zu Erörterungen mit Rom führte. Liljegren, Diplomatarium Suecanum. I, 150. — In Dänemark verbot Honorius III. laut Bulle vom 6. Mai 1218, Liljegr. 174. dass filii presbiterorum et clericorum .... ipsis hereditate paterna succedant. Dagegen erhob sich eine grosse Opposition, recruduerant in Dania intestina bella sagt Rayn. 1220, § 32. Die Bewegung musste wachsen, als Bischof Tuvo nach Chr. eccl. Rip. coegit ex mandato Papae Sacerdotes ab uxoribus separari, et Sacerdotibus appellantibus ad concilium generale missus est Gregorius Diaconus Cardinalis Legatus in Daniam, anno Domini MCCXXII. Den Schritt der Priester wird man nicht mit Münter dahin interpretiren, dass dieselben „an ein künftiges allgemeines Concilium appellirten", sondern sie bezogen sich auf das eben geschlossene vierte Lateranconcil, denn hier hiess es Caput XIV de incontinentia clericorum punienda: Qui autem secundum regionis suae morem non abdicarunt copulam conjugalem, si lapsi fuerint, gravius puniantur, cum legitimo matrimonio possint uti. Mansi,

Sacrorum conciliorum nova et amplissima collectio. Venetiis. 1778. Tom. XXII. pag. 1003. Es mag richtig sein, was Carové, Ueber das Cölibatgesetz des römisch-katholischen Clerus. 1833. Abth. II. pag. 254 sagt: „Dieser § bezieht sich wohl unstreitig auf die Griechen", der Papst konnte auf die Durchführung des Cölibats dringen, wie er in derselben Zeit das auch in England that, cfr. den Brief episcopo Vrigorniensi in Rayn. 1222, § 49, die dänischen Priester durften aber auch den nicht genauer präcisirten Tenor des Conciliensbeschlusses für sich anziehen.

Alle diese Vorgänge in Dänemark spielen noch vor 1220, der Eifer Tuvo's, welcher auch in andern kirchenregimentlichen Beziehungen in Dänemark Bresche legte, muss bald nach seiner Wahl entbrannt sein, denn bereits Decbr. 1220 schreibt Honorius dem Könige, dass er Gregorius de Crescentius, S. Theodori diaconus cardinalis als legatus de latere, also wol zum Abhalten eines Concils, nach Dänemark gesandt habe, „ut exstirpat nociva et plantet salubria." Regesta diplomatica historiae danicae. Tom I. Havniae. 1847. Nr. 670—672.

Der Legat durch den Ausgleich zwischen König Premizl und Bischof Andreas von Prag in Böhmen zurückgehalten, Rayn. 1221, § 39, traf nicht, wie Pontoppidan, Annales eccles. danic. dipl. 1741. Tom. I, 637 annimmt, im Jahre 1221 in Dänemark ein, sondern ist noch am 10. März 1222 in Prag, cfr. Erben, Regesta Bohemiae in Abhandlung der königl. böhmischen Gesellsch. der Wissenschaften. Fünfter Folge achter Band, und erscheint dann im April 1222 in Lübeck, Leverkus, Urkundenbuch des Bisthum Lübeck. I. Von hier begab er sich nach Dänemark, und wie unsere Chronica erzählt peragratis Episcopatibus Regni rediens Slesvicum, circa festum Omnium Sanctorum, et ibi in Synodo Generale Episcoporum Daniae statuit etc. Da die bewegende Cölibatfrage in Dänemark wesentlich durch Bischof Tuvo v. Ripen aufgeworfen war, so werden wir nicht annehmen, dass derselbe früher das Reich verlassen habe, als bis diese Angelegenheit ausgetragen war, wenngleich uns nicht überliefert ist, dass der Bischof mit dem Legaten zusammentraf, es sei denn, dass man das Synodo Generali dahin presse. Unserer Ansicht ist auch Pontanus, Rerum danicarum historiae libri X. 1631. pag. 308: der Papst habe praesertim per Tuvonem Ripensem die Angelegenheit betrieben, und über die Zeit der Abreise Tuvo's sagt derselbe: sub cujus ejusdem (MCCXXII anni) extremum episcopus Ripensis Thuvo Revaliam profectus. Danach ist v. Brevern pag. 115 Anm. 1. zu berichtigen, wo es heisst: „Pontanus sagt freilich, pag. 308, Thuvo sei im Herbst 1222 nach Revel gegangen, nachdem er mit dem Kardinale Gregorius verhandelt." Pontanus hat offenbar unsere Chronica vor sich gehabt, und citirt ausserdem als Chr. Erici regis die Annales Ryenses cfr. Usinger, Annalen pag. 61, diese aber geben zu 1222 nur die Notiz Gregorius cardinalis fuit in Dacia. Mon. Germ. hist. XVI.

Das Concil in Schleswig dauerte nur kurze Zeit, denn am 22. Novbr. 1222 urkundet Gregorius bereits in Ratzeburg, v. Brevern, pag. IX. nach Levercus, Urkundenbuch des Bisthum Lübeck. Nr. 39, 43, 44. So kann Bischof Tuvo v. Ripen etwa in der Mitte des November 1222 über Meer gegangen sein, wogegen die vorgerückte Jahreszeit kein Hinderniss ist, da die See dann noch bei Reval offen zu sein pflegt. Jedenfalls ist eodem anno (sc. MCCXXII) episcopus Tuvo . . . in Revalia hiemavit nur auf den Winter 1222/3 zu beziehen, denn so erfordert es die Einordnung in die Reihe der Thatsachen, da in der Chronica diese Nachricht zwischen der vom Concil und der von der Gefangennahme des Königs gesetzt wird und so das darauffolgende post multa pericula, welches für diesen Winter, wo der Estenaufstand Reval in die grösste Gefahr brachte, verständlich ist, während die Dänenburg im vorhergehenden unangefochten blieb.

II.

Die Identität der beiden Bullen im Livl. U. B. CXLVII. & CLII.

Die beiden Bullen, wie sie v. Bunge im Livl. U. B. abgedruckt hat, stimmen mit einander wörtlich überein, bis auf folgende Unterschiede:

Livl. U. B. CXLVII.	Livl. U. B. CLII.
Gregorius etc. W(ilhelmo) episcopo quondam Mutinensi, poenitentiario, apostolicae sedis legato. Ex parte carissimi in Christo filii nostri (Waldemari) Daciae regis ...	Gregorius episcopus etc. ... episcopo quondam Mutinensi etc. Ex parte carissimi in Christo filii nostri, ..., Daciae regis ... (Adresse fehlt bei Suhm.)
f. r.	fel. record.
applicare, id (is?)	applicaret idem
Revalia	Reualia (Suhm: Revalia)
obsedere	obsidere (Suhm: obsedere)
quapropter	quare
quatinus	quatenus
illis (Turgenev: illius)	illius
Regi	regi (Suhm: Regi)
praeviso nihilominus	proviso nichilominus
quod pro	quo pro (Suhm: quod pro)
Datum Viterbii, IV, idus Aprilis, anno decimo	Datum Viterbii, IV. idus Aug. pontif. nostri anno XI. (Pontificatsjahr fehlt bei Suhm.)

Diese sämmtlichen Varianten sind offenbar nicht durch den Aussteller, sondern durch den Leser der Urkunde entstanden, sie lassen keinen verschiedenen Text für zwei zu sondernde Urkunden erkennen. Eine doppelte

Ausfertigung anzunehmen, kann nur das Datum bewegen. Die Regeste im Livl. U. B. Bd. I, 171 sagt, woher die Bulle vom Aug. stammt: „Abgedruckt bei Suhm, IX, 677. fg. Anm., und darnach im Livl. U. B. Nr. CLII. Vergl. auch Reg. dipl. Dan. I, 104 Nr. 775." Suhm, Historie af Danmark fra Aar 1202 til 1241. IX. Tome. Kiobenhavn. 1808. 4. gibt denn auch die Urkunde, und zwar: „Dat. Viterbii 4 Id. Aug." Das Pontificatsjahr wird nicht angegeben, dieses hat v. Bunge hinzugefügt. Suhm gibt auf jeder Seite seines Buches die Jahreszahl, welche für die Texterzählung gilt, und notirt auf pag. 677 und 678 demgemäss 1237, weil die Erzählung des Textes in diesem Jahre spielt. Ich glaube, das hat v. Bunge geleitet: er schien berechtigt, diese Angabe auch für die Urkunde auf pag. 677 gelten zu lassen, und dieselbe so in den August 1237 zu setzen; da nun das Pontificatsjahr entschieden in der Urkunde gestanden hatte, Gregor IX. im März 1227 Papst geworden war, annus pontificatus nostri XI. also vom März 1237—März 1238 lief, so war diese Angabe bei einer Papstbulle vom August 1237 hinzuzufügen. Das that v. Bunge. Bestärkt konnte er dabei noch werden, da auch die von ihm angezogenen Regesta diplomatica historiae danicae. Tomus prior. Havniae. 1847. 4. Nr. 775 dieselbe Bulle gemäss derselben Quelle auf dasselbe Datum 10. August 1237 gesetzt hatte.

Nun kann aber diese Bulle nicht aus dem August 1237 stammen, und hat sie Suhm offenbar auch gar nicht dahin gesetzt. Er sagt pag. 676: Nachdem in Viterbo die Vereinigung des livländischen und deutschen Ordens geschehen sei, habe der Papst am 12. Mai 1237 seinem Legaten Wilhelm geschrieben, er möge entweder selbst oder durch Briefe oder Boten dafür sorgen, dass der dänische König mit den deutschen Rittern, wenn sie nach Livland kommen, Frieden mache, zumal sie willig seien, in Bezug auf das Schloss Reval nach Gutbefinden des Legaten einen solchen Vergleich einzugehen, der sowol ihnen als dem Könige nützlich sein könnte. — Diese Bulle ist, freilich mit dem Datum des folgenden Tages, erhalten in Livl. U. B. CL: Datum Viterbii III, id. Maji. p. n. a. XI. — 13. Mai 1237.

Suhm fährt fort: „Forhen den 10de April havde Paven tilskrevet fra Viterbo, denne sin Legat"... Vorher den 10. April hatte der Papst aus Viterbo seinem Legaten geschrieben dass da die Schwertritter, wie der Magister Johann, des Legaten Caplan, berichtet, das Schloss Reval, während der König gefangen sass, belagert hätten, und da der Befehlshaber der königlichen Besatzung das Schloss dem Ordensmeister und den Rittern im Namen der römischen Kirche übergeben hätte, so sollte nun der Orden dasselbe sammt Zubehör dem Könige wiedergeben, doch erst wenn ein fester Friede zwischen dem Könige und den Rittern geschlossen wäre. — So Suhm, und darauf druckt er die betreffende Bulle, deren ausführliche Regesto hier vorliegt, ab, jedoch mit dem Datum 4 Id. Aug. Aus „der Papst hatte vorher geschrieben, folgt, dass Suhm diese Urkunde vor das zuletzt erzählte Factum, die Bulle vom Mai 1237, setzt. Freilich widersprechen sich „April" im Text, mit „Aug." in der Anmerkung, doch wird man letzteres als Versehen aufgeben müssen, denn wollte man selbst „April" als

Druckfehler fassen, so wird das mit dem „Forhen... havde... tilscrevet" nicht gehen. und eins bedingt das andere. Soviel über die Datirung der Bulle bei Suhm, welcher bei seiner Edition Porthan (siehe weiter unten) citirt, der aber die Bulle nur aus April 1236 kennt.

Gegen den August 1237 spricht noch ein anderes Moment. Vor dem 13.[1]) Mai 1237 war in Viterbo dem deutschen Marienorden der livländische incorporirt. Die Papstschreiben der Folge erwähnen, so oft sie des letzteren noch gedenken, entweder diese Vereinigung oder nennen ihn schlechtweg Marienorden. Ich führe als Beispiele dafür an: Livl. U. B. CLI vom 30. Mai 1237 fratres militiae Christi de Livonia, quos nuper ordini hospitalis sanctae Mariae Theutonicorum Jerusalemitan. duximus uniendos; Livl. U. B. CLVII vom 8. März 1238 fratres hospitalis sanctae Mariae Theutonicorum für den Orden in Livland; Livl. U. B. CLIX vom 13. März 1238 fratres, tunc militiae Christi, nunc domus sanctae Mariae Teutonicorum in Livonia. — So genau achtete man in der päpstlichen Canzelei auf die richtige Titulatur, wie sollte da die Bulle vom Aug. 1237 eine Ausnahme machen; und das müsste sie, wenn sie echt wäre, denn hier heisst es: fratres militiae Christi in Livonia; procurator eorundem fratrum (sc. militiae Christi in Livonia); und besonders proviso nichilominus, ut inter praefatum Regem (sc. Daniae) ex una parte et supradictos fratres (sc. militiae Chr. in Livonia) ex altera... firma pax... intercedat; dann noch fratribus supradictis; iidem fratres asserunt. Offenbar haben noch fratres militiae Christi in Livonia existirt, als diese Urkunde erging, denn entschieden wäre im andern Fall der neue Titel angeführt, oder der Vereinigung gedacht in dem Satze proviso nichilominus ut inter praefatum Regem ex una parte et supradictos fratres ex altera... firma pax... intercedat, denn man halte dem nur gegenüber die präcise Fassung desselben Auftrages, wie er drei Monate früher in der Bulle vom 13. Mai 1237 an den Legaten erging: fraternitatem tuam rogamus... quatinus... regem Daciae... inducas... quod cum praefatis fratribus hospitalis, postquam ad partes ipsas (sc. Livoniae) pervenerint... quae sunt pacis... habeat. Livl. U. B. CL.

So scheint mir die Titulatur die Bulle vor die Vereinigung der Orden Mai 1237 zu stellen, und auch Suhm nicht an den August 1237 gedacht zu haben. —

Wollte man der correcten Form und des gewissenhaften Editors wegen doch den August festhalten, so könnte man an das Jahr 1236 denken. Allein dagegen streitet das Itinerar Gregors IX. Ohne auf Vollständigkeit Anspruch zu erheben, zumal wir bald aus kundiger Feder über diese und verwandte Verhältnisse aufgeklärt werden sollen (cfr. Winkelmann in Gött.

---

1) Für Livl. U. B. CXLIX lesen die Regesten Gregor IX. bei Raynald, Annales ecclesiastici. 1237. § 64, und Turgenev, Historica Russiae monimenta Bd. I, LIII: II idus Maji = 14. Mai, das wird entscheiden, zumal aus memoratos praeceptorem et fratres... uniendos duximus nicht nothwendig folgt, dass die Vereinigung an demselben Tage geschah, an welchem die Bullen erlassen wurden. IV. idus Maji schreiben nur Transsumte, cfr. Livl. U. B. Bd. I. Regeste 168; III, Regeste ad 168; Strehlke, Tabulae ordinis theutonici. 863. Nr. 244.

gel. Anzeig. 1869. pag. 1917), wird für den vorliegenden Zweck folgendes Verzeichniss genügen; es gibt für jeden Ort an, wann spätestens der Papst eingetroffen ist und wann er denselben frühstens verlassen hat. Die Angaben, welche die vita Gregorii in Muratori, Scr. rer. Italic. III, 581 liefert, sind nicht zuverlässig. Seit Ende 1235 ist Gregor IX. in Viterbo und bleibt dort bis

1236.	25. Mai.	Viterbii.	Bullarium franciscanum studio Sbaralene. Rom. 1759. Tom. I. Nr. 199.
	28. Mai.	Interamne.	ibidem Nr. 200.
	24. Juni.	Interamne.	Huill. Bréholl. Hist. dipl. Frid. II. IV. 2. pag. 872.
	11. Juli.	Reate.	Bullar. ord. fratt. praedicatorum ed. Bremond. Rom. 1739. pag. 90. Nr. 157.
	27. Octbr.	Reate.	Sbaral. Bull. francisc. I, Nr. 211.
	22. Nov.[1]	Interamne.	ibidem. I. 213.
1237.	27. Febr.	Interamne.	Raynaldi Annal. eccles. Rom. 1646. a. a. 1237, § 32.
	22. März	Viterbii.	Bullarium romanum ed. Gaude. Tom. III. 1858. pag. 497. epist. Greg. 51.
	6. Octbr.	Viterbii.	Sbaral. Bull. francisc. I, 239.
	26. Octbr.	Laterani.	Maffei, Eccles. Pisana. I, 92.
1238.	28. Juni.	Laterani.	Sbaral. Bull. francisc. I, Nr. 268.
	21. Juli.	Anagnie.	Würdtwein, Nova subsidia diplomatica. 1787. Tom. IX, 23.
	28. Sept.[2]	Anagnie.	ibidem. IX, 25.

Demnach ist Gregor IX. am 10. August 1236 in Reate gewesen, eine Bulle Datum Viterbii ist für diesen Tag unmöglich. Das Schreiben aber noch weiter zurückzusetzen, auf den August 1235 zu gehen, ist unthunlich, auch datirt der Papst vom Oct. 1234—Sept. 1235 Perusii, cfr. Sbaral. Bull. francisc. I, Nr. 144 und 183. — Somit fällt die Möglichkeit, die Bulle Ex parte sei im August erlassen, fort. —

Wenn demnach nur der April bleibt, so fragt es sich, stammt der Brief vom 10. April 1236 oder 1237. Suhm stellt ihn nur vor den Mai 1237, also kann er gleich gut in den April dieses wie des vorhergehenden Jahres fallen; da uns die Vereinigung der Orden nicht vor dem Mai 1237 überliefert ist, so gibt es hier auch keine Schwierigkeiten der Titulatur. — An und für sich wäre es sehr auffallend, wenn dasselbe Schreiben an demselben Tage zweier auf einander folgenden Jahre erlassen wäre, nicht ohne die zwingendsten Gründe wird man das annehmen. Aber für eine solche dop-

---

[1] Wahrscheinlich schon 6. Novbr. in Interamne. Sbral. l. c. I, pag. 206. Anm. g.
[2] IV. Kal. Oct. p. n. a. XIII. = 28. Septbr. 1238. Böhmer Regesten Gregors IX. ist 28. October ein Versehen. —

pelte Ausfertigung spricht nichts; sobald der August, welchen nur Suhm kennt, beseitigt ist, weisen alle übrigen Publicationen der Urkunde auf den 10. April 1236. Das Original darf wol als verloren gelten, den ältesten Druck finde ich in Vastovius, Vitis aquilonia seu vitae sanctorum, qui Scandinaviam magnam ... illustrarunt. Coloniae Agrippinae 1623. Fol. pag. 175. Woher die 62 Papstbullen, welche hier angeführt werden, stammen, vermag ich nicht bestimmt anzugeben, auch die zweite Auflage des Werkes cur. Ericus Benzelius filius Upsaliae. 1708. 4. gibt darüber keine Auskunft, doch spricht manches für eine römische Quelle, zumal der erste Editor päpstlicher Protonotar war. Genug hier heisst es: Datum Viterbii quarto Idus April. anno X. = 10. April 1236.

Enthalten ist dann wol die Bulle in den beiden grossen Sammelwerken Claudii Arrhenii Örnhielm, Bullarium Romano-Sueo-Gothicum, und in dem Bullarium Romano-Sueo-Gothicum, sive Sylloge omnium Romanae Sedis Diplomatum vel Decretalium Epistolarum ad regni Sueo-Gothici Reges Duces etc. edi curavit Johannes Peringskiöldius, welche beide Manuscriptsammlungen bisher noch nicht gedruckt sind. Diese und Vastovius werden im Bullarii Romano-Sueo-Gothici recensio auctore Magno a Celse. Holmiae. (1782). 4. pag. 66 citirt für „Gregorii bulla Viterbii VI. Id. Apr. pont. X. (10 ejusd. 1236)", wo VI offenbar ein Versehen ist, da VI Id. Apr. = 8 ejusd. wäre, dagegen IV Id. Apr. = 10 ejusd.

Stehen so die älteren Publicationen für den 10. April 1236 ein, so ist das, wenn auch günstig, doch nicht genügend, weil wir ihre Quellen nicht prüfen können. Um so werthvoller dagegen ist es dass die jüngeren Editionen hinreichendes Material liefern den Beweis endgültig zu führen. Das verlorene Original konnte am ehesten aus dem vatikanischen Archive ersetzt werden, und hier ist es nun wichtig dass dieses zweimal unabhängig von einander nach Bullen für die Geschichte des nördlichen und östlichen Europas durchsucht wurde, beidemal dieses päpstliche Schreiben aus den Registerbänden Gregors IX. edirt wurde, und in denselben nur einmal und zwar vom April 1236 verzeichnet war.

Im Anschluss an die Recensio des Magnus a Celse und auf Bitten desselben geschah eine Durchforschung des vatikanischen Archivs nach Bullen für die Geschichte Scandinaviens. Die Mittheilung hierüber und die Ausbeute dieses Zuwachses gab H. G. Porthan, Ad recensionem bullarii romano-sueogothici a nobil. a Celse 'editam accessio. Aboae. s. a. 4. Im zehnten Registerbande Gregors IX. fand sich unsere Urkunde, Porthan gibt pag. 32 eine erschöpfende Regeste derselben, freilich auffallender Weise „Viterbii III. Id. Aprilis, a. X. (d. XI. Apr. 1236)." Wahrscheinlich war in Rom ein Versehen zwischen III. und IV. Id. vorgekommen. Diese Regeste citirt Suhm, Historie IX, pag. 677 Anm., an III. Id. nimmt er keinen Anstoss.

Zum zweiten Mal wurde die Urkunde aus dem Registerbande Gregors in Rom von Turgenev copirt, und in Historica Russiae monimenta. 1841. Tom. I. pag. 43. Nr. XLVII. edirt: „Datum Viterbii IV. Idus Aprilis anno decimo. (1237)." Das diese Berechnung des Pontificatsjahres falsch, und dafür 1236 zu setzen ist, hat schon v. Bunge bemerkt, welcher aus diesem Druck bei Turgenev die Bulle in das Livl. U. B. CXLVII. herübernahm, cfr. seine Regeste Bd. I, 165. — Somit darf als sicher gelten, dass IV. Id. Apr. p. n. a. X. die Bulle in den Regesten Gregors IX. Band X. verzeichnet steht, und das ist beweisend. Die Mittheilung bei Raynaldi Ann. Eccles. 1236, § 65. wird dann als Angabe über dasselbe Thema aus denselben Regesten hieher zu ziehen sein, wo der Papst wegen der gravissima contentio inter Daniae Regem fratresque militiae Christi cujusdam arcis Revaliae in Livonia sitae occasione ... in eos legati opera pacem conjungi astringique jussit, ut datae literae ad Guillemum episcopum olim Mutinensem testantur, und wo der beweisende Brief Lib. 10. ep. 30. citirt wird. Drei Quellen kennen also in den Regesten nur den einen Brief aus dem Jahre 1236, und keinen andern; das darf als Beweis genügen dass die Bulle nur aus diesem Jahre stammt und von einer gleichen aus dem folgenden nicht die Rede sein kann.

Somit glaube ich mich zur Behauptung berechtigt, dass die Bulle Gregors IX. Ex parte nur einmal und zwar Datum Viterbii quarto Idus Aprilis pontificatus nostri anno decimo = 10. April 1236 erlassen wurde, Livl. U. B. CLII. zu streichen ist. Ich bemerke noch, dass der Text, welchen Suhm gibt (der Abdruck im Livl. U. B. CLII. ist nicht ganz correct, cfr. oben die Varianten) der bessere, und dem des Livl. U. B. CLVII. vorzuziehen ist, der nach Turgenev geliefert wurde.

III.

Der Bericht vom falschen Legaten in der Ordenschronik.
Matth. c. CXLVII—CL ed. Napiersky Scr. rer. Liv. I, 848.
und seine Bearbeiter.

Usinger, Deutsch-dänische Geschichte pg. 392 hat zuerst unter den Neuern die Erzählung von diesem falschen Legaten für „zu schlecht beglaubigt" gehalten, als dass sie von wesentlichem Belang sein sollte. Hildebrand pg. 149 Anm. 1. 157, 158 Anm. 1 ihr jeden Werth abgesprochen, vermuthet aber „in jenem Legaten eine durch parteiische Tradition freilich beinahe bis zur Unkenntlichkeit entstellte historische Person". — Töppen, Geschichte der preussischen Historiographie. 1853. sagt bei der gründlichen Besprechung der Hochmeisterchronik (= Ordenschronik in Scr. rer. Liv.) pg. 81: „Es ist höchst beachtenswerth, dass hier ein wenig bekannter welscher Legat in Livland (Balduin von Alna, Raynald annal. eccles. 1232, n. 2—5) erwähnt" wird. Mir ist nicht klar, ob Töppen hier einer der von einander sehr abweichenden Texte der Ordenschronik vorgelegen hat, in welchem Balduin von Alna namentlich erwähnt und in Verbindung mit der estländischen Frage gesetzt war, was in den drei von Napiersky zu seiner Ausgabe in Scr. rer. Liv. I benutzten Codices, nicht der Fall war; wahrscheinlicher ist, dass Töppen in c. CXLVII—CXLIX Balduin erkannt hat. Eine gute Ausgabe der Chronik, die in den Scr. rer. Prussicarum hoffentlich bald in der Tüchtigkeit, welche dieses Werk auszeichnet, erscheint, wird wesentlichen Uebelständen abhelfen; durch Strehlke's allzu frühen Tod hat sie im eben erschienenen Bd. IV. unterbleiben müssen.

Die Chronik stammt aus der Zeit des Ueberganges vom XV. zum XVI. Jahrhundert[1]). Für die erste Zeit der Geschichte Livlands, welche uns hier angeht, vermögen wir den Chronisten fast jeden Schritt in Bezug auf seine Quellen zu controliren. CXXVI—CXLVI bietet er nur einen

---

[1]) Neben den Schriften, welche Töppen l. c. pg. 62 als Quellen nachweist, so Annius v. Viterbo von 1497, Sabellicus 1504, bemerke ich, dass Iwangorod, welches S. r. Liv. I, 865 als Russenburg gegenüber Narva angeführt wird, im letzten Decennium des XV. Jahrhunderts erbaut wurde.

Auszug aus der livländischen Reimchronik, die Abweichungen, welche er zeigt, sind für den spätern Chronisten theils selbstverständlich und nichtssagend wie CXXVII, CXXXI, CXXXIV; theils entsprangen sie wol aus Missverständniss der Vorlage wie CXXXVII, wo für die Selen die Oeseler eintreten wahrscheinlich wegen der Namensähnlichkeit, da die Ordenschronik die Selen überhaupt nicht kennt, sie daher auch CXXXI übergeht, wo sie sonst ihrer Quelle getreulich folgt. Ueber weitere Aenderungen cfr. Töppen pg. 80 ff. über CXXXII und seine Chronologie ibid. pg. 73. Den einzig wesentlichen Zusatz hat CXXXVI, hier steht mehr als die R. C. v. 583—606 gibt, wir kommen später darauf zurück.

Für die folgenden CXLVII—CL kennen wir die Quellen nicht.

Für den Anfang von CLI wird wol R. C. v. 1859—1966 wieder das Material geliefert haben; über die 15 Jahr, welche Volquin Meister gewesen sei, cfr. Töppen pg. 73; doch nennt die O. C. von den beiden hervorragenden Pilgern den einen „Johann" von Haseldorp, während die R. C. den Vornamen nicht kennt, der eigentlich Theodorich lautete, cfr. S. r. Liv. I, 875.

Darauf folgt die ausführliche Erzählung über die Vereinigung der beiden Orden, eine Darstellung, welche den neuerdings von Strehlke gefundenen Bericht Hartmanns v. Heldrungen nur wenig abgeändert hat. Mitth. XI, pg. 76 und 260. Die Handschriften welche Napiersky vorlagen, gehen hier weit auseinander, der Text bei Matthaeus ist höchst mager für diesen Abschnitt.

Wo diese Quelle zu fliessen aufhört, greift der Chronist wieder zur R. C. zurück. Folgende Stellen werden die formelle Abhängigkeit auch für die Partien beweisen, welche auf den abgeschriebenen Bericht Heldrungens folgen:

Reim-Chronik:	Ordenschronik.
V. 2011. Ir zeichen legeten sie dar nider; Das swarze cruce entpfingen sie wider.	pag. 852. lechten oere Habyt nedder .... vnd namen an die Witte Mantell mith dem schwarztem Cruytze.
V. 2027. Reuele vnd vierlant Das was in der brudern hant Eine gute wile gewesen	pag. 853. Reuell vnnd Wyr Landt... dath haddenn die Schwerth-Broders so lange tydt Ingehatt;
V. 2046. Er sante sinen boten dar Einen wisen legat	sande eynen Wysen Legaten
V. 2053. Jerwen heiset das lant Das gab er in der brudere hant Vur eigen ewicliche.	heth dath Landt van Jeruen, vnnd gaff dem Orden dath Landt tho ewygenn Dagenn tho besittenn
V. 2139. Die brudere slugen ir gezelt Vor plezcowe uf ein schone velt.	Desse Meyster mith synen Broderen, vndt Volck schlogenn er Telth vor Plesskauwe .... Vp dath Velth.
V. 2145. Man lies gebieten in dem her,	De Meyster dede gebeden, dath

Man solde sich bereiten zur wer, syck eyn Iderr rede makede, Vmme
Vnd lies sie dabie verstan, tho stormen beyde borch vnd
Man solde ouch zu sturme gan... Statt.
Beide burc vnde stat.
V. 2157. Der vride wort gemachet Dar wordt eyn frede gemaket
do mith den Russenn. Alss dath
Mit den rusen also Geerpolth oer Konnyngh
Das gerpolt, der ir kvnic
hies.

Hält man die-e durchgängige Abhängigkeit fest, und dass die Chronik etwa drei Jahrhunderte nach diesen Nachrichten geschrieben ist, so wird eine doppelte Vorsicht über die Mittheilungen, welche ihr allein aus dieser frühen Zeit eigen sind, geboten sein. An eine allmähliche Entstehung der Chronik kann nicht gedacht werden, cfr. Töppen pg. 83.

c. CXLVII—CXLIX geben Nachrichten, welche hier zum ersten Male auftauchen. Der Bericht an sich ist sehr verworren, was auch v. Brevern, Studien pg. 154 zugibt: zu Anfang CXLVII erfährt man nicht, wer den falschen Legaten gesandt, für wessen Interesse er handelt; er „sede dem Volcke, dath men den Heyden nicht nhemen off rouen en moste, off schlayenn, se en qwemen In der Chrystenn Lande, vmme qwaeth tho doenn. Hyr wardt dath Volck sere mede verschlagenn, wante de Duuell seyede syn saeth." — Wer ist dieses Volk, von welchem vorausgesetzt wird, dass es gegen die Heiden kriegen wolle? wer sind diese Heiden, in Est- und Livland gab es keine mehr, die Oeseler sind c. CXLV mit grossem Erfolge geschlagen, die Feinde im Süden c. CXLVI völlig besiegt; oder sind es die Russen, welche allerdings noch zum Schluss der Chronik S. r. L. I. pag. 865 „vnkristen" sind? Das Volk ist sehr „verschlagenn" durch diese Nachrichten, aber es geschieht nichts, und nun zeigt sich, dass die Botschaft mit dem Volke gar nichts zu thun hat, sondern an den Orden geht, denn so fährt der Text fort: „Dan die Pawest hadde Dessenn erst ordineret, vnd geconsenteret, Vnd hadde dem Orden gegeuen vnnd geconfirmiret, wath sie den Heyden affwonnen, dath sie dath frygh besythenn, gebruken Vnd beholden muchtenn thon Ewygenn Dagenn, alse Vryge Grundt Herrenn. — De Meyster Volqwine worth sehre verstoret vmb des Legaten Predkynge, wanth he syn alderbeste gethaenn hadde, vor den Chrysten gelouen Inn Allen saken." So soll also die ganze Intrigue gegen den Orden spielen, und nachdem erzählt worden, dass die Dänen und Schweden mit grossem Unrecht die Burg von Reval mit Land und Leuten an sich gebracht, erfahren wir endlich auch, dass sie den Pseudolegaten abgesandt. Trotzdem dass dieses heimlich geschehen, wurde es vernommen, und — mit einer nichtssagenden Phrase „die Legaet wert also uytgericht, dat hy niet mer en geerde daar te comen"[1]), entschwindet er auf Nimmerwiedersehen unseren Blicken.

Abgesehen von der Predigt, weiss die Chronik nichts über das Thun

---

1) Nach dem Text bei Matthaeus, Veteris aevi analecta. 1738. Die bezügliche Stelle bei Napiersky aus Cod. Rigensis ist bis zur Unverständlichheit corrumpirt.

des Legaten. Man wird zugeben, dass die Erzählung an sich sehr verdächtig klingt; dann aber sprach schon die Klugheit gegen einen so verzweifelten Schritt, da derselbe unmöglich lange verborgen bleiben konnte, die Curie ferner alles vernichtete, was ein solcher Betrüger geschaffen und das Odium auf diejenigen zurückfiel, welche ihn aufgestellt; auch war die Strafe für ein derartiges Verbrechen so gross, dass sich wol nur schwer Jemand zur Uebernahme dieser Stellung fand. Hiefür haben wir aus dieser Zeit und diesen Verhältnissen ein Beispiel in dem Briefe, welchen Innocenz III. am 21. März 1213 an Erzbischof Andreas richtete, als dieser ihm mittheilte, ein falscher Legat wäre in Dänemark aufgetreten, Liljegren, Diplomatarium Succanum I, 148 fraternitati tuae per apostolica scripta mandamus, quatenus quicquid factum est taliter ab eodem denuntians habendum penitus pro infecto, ipsum ... perpetuo carceri facias mancipari, pane doloris et aqua angustiae sustentandum. Auch diejenigen, welche suspecti habentur de crimine falsitatis sollen bestraft werden. Das wird man nicht so bald vergessen haben.

Unsere Kenntniss, wie die dänische Colonie 1227 aus Estland verschwand, ist freilich nicht sehr genau, aber sie reicht doch immer soweit, dass wir behaupten können, von den Nachrichten der c. CXLVII—CXLIX ist keine einzige anderweitig beglaubigt, und in die aus andern Quellen feststehenden Thatsachen passt diese Darstellung nicht hinein. — Ueber die Vorgänge in Nordestland berichtet Heinr. bis in den Herbst 1226. Von hier bis zum Sommer 1227 ist doch eine zu kurze Zeit für die Aussendung und Thätigkeit des Pseudolegaten, das Erkennen des Betruges, Vertreiben dieser Creatur, Gesandtschaft nach Rom, Antwort von hier, Aufbieten des Ordensheeres, endlich Niederwerfung des auch anderweitig feststehenden Widerstandes, Eroberung der dänischen Feste. — So stossen wir auf chronologische Schwierigkeiten, die Facta lassen sich nicht so eng zusammendrängen.

Die ältere Hochmeisterchronik ed. Töppen Scr. rer. Prussicarum, Tom. III. aus dem zweiten Drittel des XV. Jahrhunderts weiss von diesem Legaten nichts; unsere etwa ein Menschenalter jüngere Ordenschronik, welche die Hochmeisterchronik stark ausschrieb, fand in ihr nicht das Material für diese Erzählung, benutzte aber die dort gebrauchte Formel, welche angewandt war, sobald dem Orden Land zum Besitz überwiesen wurde:

Hochmeisterchronik:
Scr. r. Pruss. III. pag. 542 (Herzog Conrad) gab her dem dutschin ordin Colmerland Lobaw zcu besitzen ewiclich und al dy lant, dy sy hernochmols den Prusyn mochtin angewinnen [1]).

Ordenschonik:
Matth. c. CIII die Kaiser ... gaff den Meister ende die Oirde vry uten gronde dat lant tbe Pryussen, ende voirt wat sy den Heydenen afwonnen, datse dat then ewighen daghen vry behouden ende besitten souden. — Napiersky, c. CXXXVI die Pawest gaff vnnd bestetigede dessem Orden alle dath Landt vnd die Luyde, der In Lyfflandt was angewonnen, off dath sie off oere Nakemmelinge, noch anwynnen solden, dath se dath thon Ewy-

---

1) Der bei der Edition nicht benutzte göttinger Cod. hist. 88 liest: „gab er den deutschen orden das Colmerlant lobaw zubesitzen ewiglich vnd alle dy lant dy sy nochmals den preusin mochten angewinnen".

genn Dagen alse vryghe grundt Erbherrenn, solden besitten. — Dasselbe nochmals: Nap. c. CXLVII die Pawest . . . hadde dem Orden gegeuen vnnd geconfirmiret, wath sie den Heyden affwonnen, dath sie dath frygh besythenn, gebruken Vnd beholden muchtenn thon Ewygenn Dagenn, alse Vryge Grundt Herrenn. — Endlich in Folge des Pseudolegaten: Nap. c. CXLIX die Pawest gaff dem Meyster vnd dem Orden Reuell vnd alle, dath dartho behoerde, Vnnd vorth alle Lande vnd guder, Die sie den Heyden affgewonnen hadden, off noch affwynnen solden, thon Ewigen Dagenn (tho) besithenn alse Erbgrundt Herrenn.

Die Nachrichten in Nap. c. CXXXVI, CXLVII, CXLIX sind tendenziös erfunden, es kam dem Chronisten vor Allem darauf an, zu zeigen dass der Orden die vollgültigsten Rechte auf Nordestland habe: die Gründung der dänischen Colonie, war mit „grothem Unrechte" geschehen, der Betrug des Pseudolegaten war ein nicht geringeres, dazu sollte dieser den Orden in seinen Kriegen und Eroberungen einschränken, und doch hatte der letztere das beste Recht zum Kriege gegen die Heiden und durfte das Eroberte für ewige Zeiten als freier Grundherr behalten, so habe er bei seiner Stiftung die höchste geistliche Autorität angeordnet. c. CXLVII wiederholt CXXXVI, der Zusatz zu letzterem, der einzig grössere Abschnitt, welcher wie wir oben sagten, nicht aus der Reimchronik stammt, dieser vielmehr widerspricht, ist hineingeschoben worden, um dem Orden den Bischof von Riga überzuordnen, während historisch ersterer des letzteren Vasall war.

Für all die vielen Vergehen der Dänen sei es nur — das ist die Tendenz der Ordenschronik — eine gerechte Vergeltung, wenn der Papst den Orden mit der Vertreibung derselben beauftragt, dieser folgt, das Land den Dänen abnimmt und behält. —

Nun scheint es allerdings möglich, eine geschichtliche Persönlichkeit anzuführen, deren Thätigkeit entstellt und verschoben, Anlass zur Erzählung vom falschen Legaten hat geben können. Es ist das Balduin, Mönch aus Alna, Poenitentiar des Legaten Otto, Cardinaldiakon von St. Nicolaus in carcere Tulliano.

Als Bischof Albert von Riga 1229 19.[1]) Januar starb, entstand eine zwiespältige Bischofswahl. Ueber diese zu entscheiden wurde der in Dänemark befindliche Legat Otto beauftragt durch Bulle vom 4. April 1230. Livl. U. B. Bd. III. Regeste 120b. Wir wissen, dass der Legat einzelne Geschäfte Specialbevollmächtigten übertrug, Schirrmacher in Forsch. z. deutsch. Gesch. VIII, pag. 54: so erhielt auch jetzt sein Poenitentiar die vices für Livland. Von nun an spielt Balduin mehrere Jahre eine nicht unbedeutende Rolle hier im Osten. Die strittige Bischofswahl wird zu Gunsten des rigaschen Capitels entschieden, Livl. U. B. CVIII; (cfr. dagegen die ganz andere Darstellung in der Bulle bei Winter, die Praemonstratenser des zwölften Jahr-

---

1) Cfr. Necrologium capituli Hamburgensis, herausgegeben von Koppmann. 1868.

hunderts 1865. pag. 370¹). Bald aber steht Balduin nicht nur mit dem neuen Bischof Nicolaus im offenen Kampfe sondern auch mit allen andern Machthabern in Livland. Er geht nach Rom, wird vom Papste Gregor IX. eigenhändig zum Bischof von Semgallen geweiht, zum Legaten für Livland und die umliegenden Lande ernannt und in einer Reihe Bullen mit den weitgehendsten Vollmachten ausgestattet. Livl. U. B. CXV—CXXIII. Ueber die erhaltenen Aufträge lässt sich im Allgemeinen nur sagen, dass ihre Durchführung die damals herrschenden deutschen Besitzverhältnisse von 1232 über den Haufen geworfen hätte: als Bischof von Semgallen war Balduin Herr des Südens, dazu soll ihm Wirland, Jerwen, Wiek, Oesel zu Handen des Papstes übertragen werden, die vacanten Bisthümer soll er verwalten also auch Reval, den Bischof von Riga soll er wegen Nichterfüllung seiner Pflichten mit kirchlichen Strafen belegen. Kurz ein Machtumfang von ganz ausserordentlicher Ausdehnung.

Den Legaten in die genannten Gebiete einzuweisen, schrieb die Curie dem Orden zu, d. h. dieser sollte das jüngst erworbene Nordestland räumen. Damit wurde Balduin auch Widerpart des Ordens. — Aber hiezu kommt noch dieses: eine dieser Bullen, welche Balduin sich in Rom erwirkt, verbietet den Christen in Livland mit den Heiden und Russen über Frieden oder Zins zu verhandeln ohne Genehmigung des Legaten. Livl. U. B. CXXI vom 3. Febr. 1232.

Hält man fest dass weder die Ordenschronik noch irgend eine andere spätere diesen Legaten kennt, wir von ihm fast nur durch die Bullen, welche er sich persönlich in Rom erwirkte, hören und dass er durch diese in vollen Gegensatz zu allen Gebietern Livlands treten musste; berücksichtigt man ferner dass jene Urkunde, welche den Abschluss des Friedens an seine Einwilligung band, leicht dazu benutzt werden konnte, auch die Initiative zum Kriege zu bedingen, oder wenigstens so erscheinen mochte; zieht man dann in Betracht dass der Legat Otto dem dänischen Interesse hold war, dass sein Befehl Balduin nach Livland führte, dass also wol auch er den Dänen günstig war²); beachtet man endlich dass bereits am 24. Febr. 1234 derselbe Papst Gregor IX. ausdrücklich alle jene für Balduin erlassenen Bullen zurückzieht und ihn seines Legatenamtes entkleidet; — berücksichtigt man alle diese Momente, dann scheint mir die Hypothese viel Wahrscheinlichkeit zu haben dass der falsche Legat der Ordenschronik eine Carricatur des Legaten Balduin von Alna ist. Den Magister Johannes, der Vertreter der päpstlichen Interessen in diesen Gebieten war, als die Katastrophe über die Dänen hereinbrach, hier in die Combination zu ziehen, verbietet ein wesentlicher Umstand: Johannes wirkt für den Orden gegen die Dänen, — die Ordenstradition dagegen braucht in ihrem ganzen Zusammenhange nothwendig einen den Dänen freundlichen, dem Orden feindlichen Legaten, dazu konnte Johannes nie, wol aber Balduin von Alna werden. Allerdings ist,

---

1) Auch abgedruckt Pabst, Beiträge zur Kunde Ehst-, Liv- und Kurlands. 1868. Band I, pag. 66.
2) Er braucht desswegen noch keine „dänische Kreatur" zu sein, cfr. Büttner Mittheil. XI, 22.

wenn man diesen festhält, die Chronologie verletzt, denn die Occupation Estlands geschieht 1227, Balduin dagegen wird am 28. Jan. 1232 Legat; das trägt aber in der Ordenschronik wenig aus, in ihr treffen wir für die ältere Zeit unendlich viel chronologische Verstösse. Ob der Chronist die Bullen für Balduin gekannt hat, ist nicht zu entscheiden, doch nicht unmöglich; da er sonst viele Urkunden anführt (so scheint ihm nach pg. 853 die Landscheide von Stenby vorgelegen zu haben); der Einwand, dass dann der chronologische Fehler nicht vorgekommen wäre, ist nicht stichhaltig, da die Chronik offenbar nicht weiss, wann die dänische Colonie in Estland unterging und der Orden Herr des Nordens wurde, ihre Quelle, die Reimchronik, schweigt hierüber. Aber selbst wenn der Chronist besser unterrichtet war, so ist eine solche Verdrehung ganz in seinem Geiste, da er eben eine Ordenschronik schrieb und auch den livländischen Orden möglichst günstig erscheinen lassen wollte. — Töppen l. c. pag. 87 fällt folgendes treffende Gesammturtheil: „Als Ganzes betrachtet können wir die Chronik, wie sie uns einmal vorliegt, nur ein trauriges Machwerk nennen. Es fehlte dem Verfasser an wahrem historischem Interesse; die Vorliebe, die er für den Orden hegte, verführte ihn, die älteste Geschichte desselben zu seinen Gunsten zu fälschen." „Das Schlimmste ist, dass die Irrthümer und Fälschungen der Chronik, an sich schon so bedeutend, den nachfolgenden Chronisten und Geschichtschreibern den Anstoss zu neuen unseligen Missverständnissen und Verdrehungen gaben.

Wir stimmen dem völlig bei; was Töppen über die Irrthümer und Fälschungen der Ordenschronik im allgemeinen sagt, gilt in ganz besonderem Maasse für die Geschichte vom falschen Legaten. Aus der Ordenschronik ging die Erzählung in Russov, Chronica der Provintz Lyfflandt, 1584. in Scr. r. Liv. II, 14 ff. über, und zwar aus einer Handschrift, welche weder Matthaeus noch Napiersky gekannt hat, denn wie Matthaeus hat Russov: „dat se dar nicht mehr begerde thokomen"; auf Codex E. bei Napiersky deutet bei Russov „ydt were den sake dat"; beide Sätze haben also in einem Codex gestanden. Cfr. Hildebrand pag. 148, 157.

Bereits Russov verbindet die beiden Erzählungen, welche in seiner Vorlage der Ordenschronik unabhängig von einander stehen, den Sieg Volquins über die Litthauer O. C. c. CXLVI und die Erzählung vom falschen Legaten O. C. c. CXLVII: die Dänen eifersüchtig auf die Fortschritte des Ordens fertigen nach Russov den Legaten an den Meister ab. Dieser und „alle dat Christen Volck tho Riga" (so interpretirt Russov das unverständliche, nackte „Volck" in der O. C. c. CXLVII) werden durch den Befehl des Legaten, den Krieg gegen die Heiden einzustellen „gantz entsettet vnde bedröuet", da der Papst dem Orden seine Eroberungen als „frye Grundt-Heren" zugesichert hatte. Der Betrug wird gemerkt, der Legat so „affgeferdiget, dat he dar nicht mehr begerde thokamen". — Von einer Gesandtschaft an den Papst, von der Erlaubniss desselben, die Dänen zu vertreiben, Zuerkennung ihres Gebietes an den Meister spricht Russov nicht.

Auch die livländische Chronik, welche Kohl eben aufgefunden und wol mit Recht Kenner zuschreibt, cfr. Weser-Zeitung Nr. 8295. 12. März 1870, kent den falschen Legaten. Herr Dr. Dünzelmann war so freundlich für uns den unten folgenden Abschnitt auszuschreiben. Die Benutzung Russovs ist unverkennbar, ob und welches andere Material dem Autor noch zur Verfügung stand, lässt sich aus diesen wenigen Zeilen nicht bestimmen, seine Angabe, dass er für die älteste Geschichte Livlands bis zur Mitte des XIV. Jahrhunderts „habe aber nichts Anderes aufspüren und erlangen können, als alleine eine Chronike, so durch einen Priester, Bartholomaeus Horneken(?) genannt, vor langen Jahren bis auf den Meister Goswin von Hericke inclusive reimweise beschrieben, welche ich zur Hand genommen, die Reime bleiben gelassen und historischer Weise umgesetzet" — diese Angabe erscheint in eigenthümlichem Lichte, eine vollständige Edition erst wird klar sehen lassen. Da Renner wahrscheinlich 1582—83 schrieb, so kann er nur die erste, ältere Ausgabe Russovs von 1578 gekannt haben, und die Parallelstellen, welche wir beifügen finden sich auch sämmtlich in dieser, cfr. Scr. r. Liv. II. und Pabst, Balthasar Rüssow's Livländische Chronik. 1845. Eine Benutzung der Rennerschen Chronik durch Spätere ist nicht anzunehmen, da das Autograph, wol in Bremen geschrieben, bis jetzt dort verborgen geblieben zu sein scheint. Ich gebe den mir übermittelten Abschnitt vollständig:

Renner.
Hermen Balcke de drudde Meister.

Hermen Balcke wort in Liflant gesandt Anno 1238 und was vorher wol sewen Jar lantmeister. in prussen gewisen. Nachdem Koning Woldemar von Denmark, so Revel Anno 1223 gebuwet und dar ein Bischovdom angerichtet, und solckes nu anspracks, sandt Meister Hermen einen boden an de pawest und gaf dem to erkennen, welcher maten de Denischen to Revel einen falschen Legaten, als queme he vom pawste, an em gesant und em anseggen laten, dat he de Heiden nicht mehr beschedigen scholde, als awerst de falschheit uthgekamen hedde he Revel ingenommen der hovnung he worde darby erhalden worden, awerst de pawest sandt' einen legaten in liflant, de vordroch den stridt also, dat de Koning Revel, Harrien und Wirlandt (sc. erhielt), dat landt Jeruen awerst dem orden vor den unkosten und geleden schaden bliwen leth.

Russov in der Editio von 1578.

pag. 8a. Herman Balke ... welcker 7 Jahr vorhen Landtmeister in Prüssen gewesen was ... Anno 1238.
pag. 4b. Köninck tho Dennemarken Woldemarus ... hefft de Stadt Reuel angefangen tho buwende, Anno 1223.

pag. 5b. einen falsschen Legaten, alse queme desülnige van dem Paweste her

pag. 5b. de Heyden nicht vörder beschedigen edder molesteren scholde

Der Bericht Russovs ist ferner von Brandis in seiner „Liefflländische Geschichte", ed. Paucker in Monumenta Livoniae antiquae Bd. III. 1842, verarbeitet worden. Doch lag ihm neben Russov auch noch dessen Quelle die O. C. selbst vor und beide hat er benutzt cfr. Hildebrand pag. 157. Brandis, der an der Grenzscheide des XVI. und XVII. Jahrhunderts schrieb, hat in seiner Sucht, alles möglichst zu pragmatisiren, von sich aus sobald das ihm vorliegende Material nicht auszureichen schien, ergänzt, was er für den Zusammenhang für nothwendig hielt. Durch dieses Verfahren hat er in der ältesten Geschichte Livlands bis 1237 — soweit reicht seine Chronik — viel Unheil angerichtet. Man rühmte ihm nach und benutzte ihn, weil er Quellen gehabt habe, welche uns nicht mehr zugänglich sind, und zum Theil war das bis vor einiger Zeit richtig (bevor Strehlke 1864 den Heldrungenschen Bericht fand cfr. Mitth. XI. pag. 76 und 260); heute aber können wir behaupten, was Brandis an Quellenmaterial besass, haben wir jetzt auch, und was er mehr giebt, entsprang lediglich seiner Phantasie, hat also höchstens einen historiographischen Werth. — Die Nachrichten aus Heinr., der Ordenschronik, Russov sind mit den Zuthaten der eigenen Erfindung freilich so sehr durch einander geworfen, Wahres und Falsches, Abgeleitetes und Originelles so vermischt, dass es nicht immer möglich ist, für jeden einzelnen Satz bei Brandis zu sagen, wie er entstand.

Im Nachfolgenden wollen wir für die Geschichte vom falschen Legaten versuchen, dasjenige, was Brandis an Quellen vor sich hatte, und dasjenige, was er bei der Zusammenstellung dieses Materials neu hinzuthat, von einander zu scheiden, um zu erkennen, wie er combinirte.

Anfänglich, pag. 114, schreibt er Russov fast wörtlich aus, cfr. Hildebrand pag. 157. Nachdem er erzählt, die Dänen hätten aus Eifersucht auf die Fortschritte der Deutschen beschlossen einen Legaten aufzustellen, tritt dieser aber nicht wie in der O. C. und bei Russov gleich hervor, sondern des besseren Scheines wegen soll er aus der Ferne kommen, das aber „verzog sich fast eine lange Zeit, auch bis ins andere Jahr hinaus." Diesen Raum zu füllen, erfindet Brandis einen Aufstand der Nationalen. Da ihm selbst aber der Verlauf des Ganzen unklar ist, namentlich die Chronologie zu fixiren schwer wurde, so knüpft er die Begebenheiten möglichst lose und unbestimmt an einander, mit „Unterdessen" und „Fast um die Zeit."

Die folgende, nur ihm eigene Erzählung über die Thätigkeit der Eingeborenen ist wol durch die willkürliche Combination verschiedener von einander völlig unabhängiger Daten entstanden, cfr. Hildebrand pag. 158. Aus Heinr. XXIX, 3 sah er die stete Fürsorge des Legaten Wilhelm, den Neubekehrten das christliche Joch zu erleichtern, indem er besonders den Orden unaufhörlich ermahnte, die Untergebenen nicht zu sehr zu bedrücken; hieraus nun mochte Brandis folgern, dass Erleichterungen dieser Art wirklich eingetreten seien, und äussert sich dahin pag. 114, 116. — Heinr. XXIX, 6 erfuhr er dass die wirischen Nationalältesten dörptsche Stiftsvasallen zu sich beriefen, damit diese sie von der Herrschaft der Dänen befreien: er schloss daraus, die deutsche Botmässigkeit sei leichter gewesen als das dänische Joch, die Nationalen selbst hätten Schritte gethan, aus dänischen deutsche Unterthanen zu werden. Das verarbeitet er jetzt in seine Combinationen: der Schauplatz wird nach Jerwen verlegt, wol desswegen weil dieses Sackala benachbart war, aus welchem der Orden leichter herbeieilen konnte. Denn dass der Gegner der Dänen speciell der Orden war, entnahm er der O. C. So entsteht im nördlichen Estland — an Jerwen schloss sich Wirland und Harrien — ein Aufstand, welchen Volquin im Interesse des Ordens leitete. Die Erzählung O. C. c. CXLIX. versetzt Brandis hieher, an den Papst wird von Bischof und Meister ein Bote gesandt, und dieser holt die Erlaubniss Gregor IX. ein, die Dänen zu vertreiben. Während die O. C. wenigstens insoweit logisch ist dass sie erzählt, der Papst wäre über den Missbrauch seiner Autorität unwillig gewesen und habe desshalb befohlen, die Dänen zu vertreiben, sagt Brandis nur vom Papst: „der an dem dänischen Regiment in Estland ein Missfallen trug", warum ist nicht zu erkennen, denn der falsche Legat tritt erst viel später auf. Wir bemerken noch dass für diese Jahre das beste Verhältniss zwischen den Dänen und der Curie feststeht, auch mit dem neuen Papst Gregor IX., welcher am 19. März 1227 den Stuhl Petri bestiegen hatte. cfr. Usinger pag. 381.

Erst als der Bote mit diesem päpstlichen Bescheide zurückkehrt, bemächtigt sich bei Brandis Volquin Jerwens und Harriens, belagert Reval. Aus der O. C. c. CL. entnahm Brandis die Eroberung der Stadt und die Befestigung derselben, aus seiner Phantasie, was er in diese Nachrichten über die Organisation der neuen Erwerbung hineinflickt. — Jetzt erst erscheint bei ihm der Pseudolegat, wo also die dänische Colonie in Reval schon vernichtet war; der hatte demnach zu seiner Fahrt mehr Zeit gebraucht als zu jener Botschaft nach Rom und der Eroberung Revals nöthig gewesen war.

Russov schon wusste mit dem „Volck" in O. C. c. CXLVII, an welches sich der Legat wendet, nichts zu beginnen, und erklärte es mit „alle dat Christen Volck tho Riga." Brandis hält sich nun an Russov und lässt den Legaten in Riga auftreten, hier aber die Botschaft nicht an das Christenvolk, sondern an den Herren der Stadt, Bischof Albert ausrichten. Diesem kommt die Nachricht sehr verdächtig vor, er sendet ihn zum Meister, welcher noch in dem jüngst eroberten Reval ist, „heimlich aber schrieb der Bischof auf der Post (!) an den Meister, und eröffnete ihm des Legaten Ankunft und Begehren", theilte ihm auch seinen Argwohn mit. Brandis pag. 116.

Aus den drei Momenten: 1) der O. C. c. CXLVII der Legat habe sich an das Volk gewandt und diesem seine Botschaft verkündet; 2) der Kenntniss Heinr. XXIX, 6 über die Thätigkeit der seniores in Wirland; und 3) der eigenen Fiction, dass in den Ordensgebieten grössere Milde aber auch Gerechtigkeit walte — ist wol die folgende Combination bei Brandis pag. 116 Absatz 2 entstanden: Die reichen Esten, also wol die seniores, welche unter dem Ordensregiment, nicht mehr die Freiheit hatten „die Armen ihres Gefallens zu unterdrücken und auszusaugen", sind damit unzufrieden; auf seiner Reise von Riga zum Meister lernt der Legat diese Stimmung kennen, wendet sich an das Volk, „richtete unter den Ehsten eine Meuterei an, bewegte sie zu einem öffentlichen Aufruhr." Die Aufständischen ziehen vor Reval, wo ein Ritter Johann N., den Brandis wol ebenso erfunden hat, wie die Rede, welche er ihn halten lässt (wie Brandis seine Reden anfertigt, dafür ein Beispiel pag. 107 und die Quellen R. C. v. 1521—1526), „mit einem kleinen, doch wohl erfahrenen, männlichen Häuflein" einen Ausfall machte, und obgleich die „Feinde in grosser Anzahl vorhanden" waren, sie aus einander sprengte. „Des Teuffels Legate" (vielleicht aus O. C. c. CXLVII „de Duuell seyede syn saeth") „der sich zu allen Teuffeln hin aus dem Rauche drehete und nimmer wieder kam", verschwindet hier ebenso räthselhaft wie in der Quelle O. C. c. CXLIX. Volquin theilt den erlangten Sieg und das Verschwinden des auch ihm verdächtig gewesenen Legaten (wie hatte er ihn kennen gelernt? beide treffen nie zusammen) dem Bischof Albert mit und auf Grund des vom Papst verliehenen Rechtes wird erst jetzt der Rest der dänischen Herrschaft in Wirland und Allenkacken vernichtet. Hier im Osten hatte sich dieselbe also erhalten, wie? erfahren wir nicht, wogegen ja geschichtlich feststeht, dass mit der Eroberung Revals die Existenz der dänischen Colonie aufhörte. Allein da der Pseudolegat erst nach dieser Eroberung erschien, und damit er für dänisches Interesse besser wirken könne noch ein Gebiet in den Händen der Dänen finden musste; da ferner der Orden hereinbrach, also das Sackala benachbarte Jerwen am naturgemässesten zuerst verloren ging, — so konnte nur Wirland für den Rest der ¡Colonie gewählt werden. Dann aber musste, wie schon oben bemerkt, der Schauplatz des ersten Aufstandes aus Wirland, wo er nach Heinr. XXIX, 6 ist, verlegt werden, und so wählt Brandis Jerwen für den Heerd der Erhebung.

Eine Verdrehung der Thatsachen in einem entsetzlichen Maasstabe. Was uns hier für Geschichte überliefert wird, ist fast nur ein Gebilde der Phantasie, bei welchem wir nur mitunter im Stande sind, den Wegweiser zu ahnen, der die einzelne Richtung bestimmt hat, bei dem es aber unmöglich ist, jeden einzelnen Schritt zu erklären.

Die späteren Geschichtschreiber haben fast alle diesen Bericht über den falschen Legaten mehr oder weniger aufgenommen. Dionysius Fabricius. Scr. r. Liv. II, 447 hat Russow übersetzt cfr. Hildebrand pag. 159. Hiärn, Ehst-, Lyf- und Lettländische Geschichte Mon. Liv. antiq. I, 109 hatte Russov und Brandis vor. Arndt, Livländische Chronik 1747. Theil II. pag. 37 citirt sowol Matthaeus als auch Brandis, traut aber letzterem so wenig dass er auch die Erzählung desselben über die Vereinigung der Orden, wofür freilich die Redaction der O. C. bei Matthaeus fast nichts bot, für erfunden erklärt. — Gadebusch, Livländische Jahrbücher 1780. a. a. 1227 hält den Legaten wieder für eine historische Persönlichkeit. Auf ihn stützt sich Estrup, Idea hierarchiae romanae. Havniae. 1817. pag. 25., und auf dieses geringfügige Werk bezieht sich Voigt, Geschichte Preussens 1827. II, 319, was livländische Forscher, welche jene Schrift Estrups nicht kannten, glauben machte, Voigt habe in dänischen Quellen für diesen Pseudolegaten Beweise gefunden; so Paucker in der Edition des Brandis Mon. Liv. antiq. III, 114 Anm. 1.; Napiersky Scr. rer. Liv. I, 875. Auch v. Richter, Geschichte der dem russischen Kaiserthum einverleibten Ostseeprovinzen. 1857. Bd. I, 107 berichtet vom falschen Legaten.

Am ausführlichsten und eingehendsten aber hat v. Brevern Studien zur Geschichte Liv-, Esth- und Kurlands. 1858. Bd. I. pag. 153—159 den Bericht des Brandis verarbeitet. Er spricht pag. 153. über den Untergang der dänischen Colonie 1227, und meint, um diese Vorgänge zu erkennen sei „einzig und alleine die Darstellung des Brandis zu benutzen, falls uns nicht neue Dänische Quellen eröffnet werden sollten. Denn das liest sich gleich aus ihm heraus, wie man es hier nicht mit einer blossen Amplification der Ordenschronik zu thun habe . . . Brandis folgt sichtlich einer uns nicht mehr zugänglichen, auch dem Ordenschronisten und Russov unbekannten Quelle." Ueber die Ordenschronik sagt auch v. Brevern pag. 154. sie sei „in diesem Falle sehr verwirrt redigirt." — Die Verschiedenheit, welche in Betreff der Relation des Brandis zwischen v. Brevern und uns existirt, hat dann die Folge, dass v. Brevern eine ganz andere Darstellung vom Untergang der Colonie gibt als wir. Ihm gilt Wescelin als falscher Legat, er ist namentlich bemüht, in die Erzählung des Brandis ein chronologisches Gerüst hineinzubringen. Es kann selbstverständlich nicht unsere Aufgabe sein, die v. Brevernsche Darstellung im Einzelnen zu berichtigen, es genügt den principiellen Gegensatz in Betreff der Quellen constatirt zu haben. Wir können nicht umhin, hier unser lebhaftes Bedauern zu äussern, dass die ausführliche, scharfe, bis in die minutiösesten Details eindringende Analyse und Kritik der v. Brevernschen Schrift, welche Schirren in den Mémoires de l'académie impériale des sciences de St.-Pétersbourg. VIIe Série. Tome II 1859. niedergelegt, sich fast nur auf den ersten Theil des v. Brevernschen Werkes beschränkt, den zweiten historischen nicht gleich eingehend zergliedert. Aus so tüchtiger Feder wäre die Ausführung auch auf diesem Gebiete fruchtbringend und grundlegend geworden.

Druck von Bär & Hermann in Leipzig.

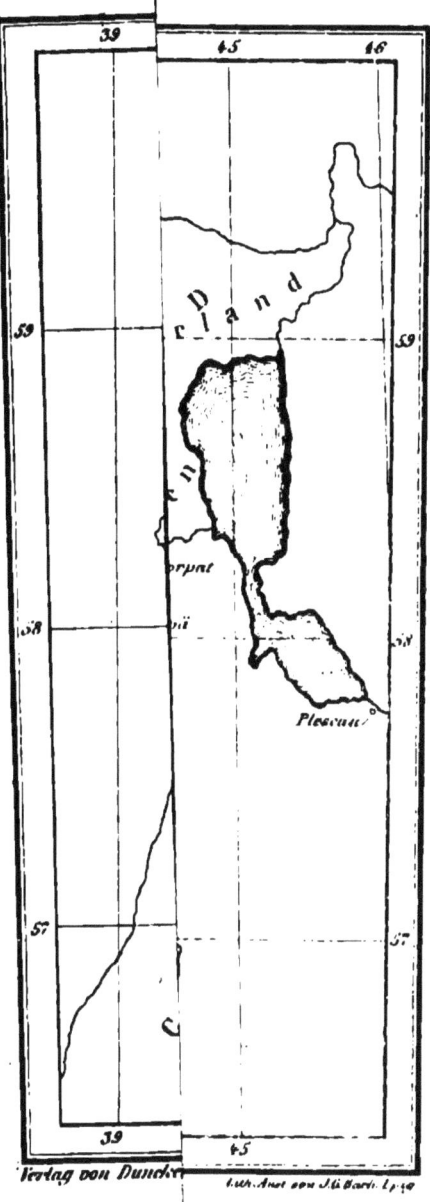